DE CÁDIZ A NORMANDÍA

Crónicas de viaje

COLECCIÓN APRENDER

EDICIONES UNIVERSAL, Miami, Florida, 2016

MANUEL C. DÍAZ

DE CÁDIZ A NORMANDÍA

Crónicas de viaje

Copyright © 2016 by Manuel C. Díaz

Primera edición, 2016
EDICIONES UNIVERSAL
P.O. Box 450353 (Shenandoah Station)
Miami, FL 33245-0353. USA
(Desde 1965)

e-mail: ediciones@ediciones.com
http://www.ediciones.com

Library of Congress Catalog Card No.: 2015959611
ISBN-10: 1-59388-275-0
ISBN-13: 978-1-59388-275-4

Composición de textos: María Cristina Zarraluqui

Diseño de la cubierta: Luis García Fresquet

En la cubierta: *Góndola dorada*
        Foto tomada por Manuel C. Díaz
        en Venecia

Todos los derechos
son reservados. Ninguna parte de
este libro puede ser reproducida o transmitida
en ninguna forma o por ningún medio electrónico o mecánico,
incluyendo fotocopiadoras, grabadoras o sistemas computarizados,
sin el permiso por escrito del autor, excepto en el caso de
breves citas incorporadas en artículos críticos o en
revistas. Para obtener información diríjase a
Ediciones Universal

A todos los que hicieron posible este libro

Índice

Prólogo 9
ESPAÑA 11
    CÁDIZ. El cielo más azul de Andalucía 13
    SEVILLA. Más allá de la Giralda 19
    CÓRDOBA. Con la promesa de regresar 23
    GRANADA. Un encuentro de culturas 29
    MÁLAGA. Capital de la Costa del Sol 33
    ARCOS DE LA FRONTERA. La joya de la corona 37
    JEREZ DE LA FRONTERA. Una perla andaluza 41
    RONDA. Legendaria y romántica 45
    JAÉN. Entre montañas, llanos y olivares 49
    CARMONA. Historia y bellezas naturales 53
    SANTO DOMINGO DE LA CALZADA. Catedrales y
        monasterios 57
    CANGAS DE ONÍS. Primera capital de Asturias 61
    GIJÓN Y OVIEDO. Asturianas de verdad 65
    SALAMANCA. Cuna de una legendaria universidad 69
    BURGOS. La leyenda del Cid Campeador 73
    SANTILLANA DEL MAR. Mucho más que un nombre
        bonito 77
    VIGO. La ciudad más poblada de Galicia 81
    BARCELONA. Más allá de las Ramblas 87
    ZARAGOZA. Una ciudad vibrante y cosmopolita 91
    SANTANDER. Hermosa, tranquila y acogedora 95
    BILBAO. Alma y corazón del País Vasco 99
    SAN SEBASTIÁN. Una ciudad esplendorosa 103
    CADAQUÉS Y TOSSA DE MAR. Dos hermosas
        perlas de la Costa Brava 107

ITALIA 111
   ROMA. Eterna y calurosa 113
   VERONA. En busca de Romeo y Julieta 119
   VENECIA. La serenísima 123
   MURANO Y BURANO. Del cristal al encaje 129
   FLORENCIA. Cuna del Renacimiento 133
   PISA. Más allá de su Torre Inclinada 139
   CINQUE TERRE. El secreto mejor guardado de Italia .. 145
   SORRENTO Y CAPRI. Juntas frente al mar y el sol 151
   AMALFI Y POSITANO. Dos perlas marinas 157
   POMPEYA. Preservada para la posteridad 161
   ASÍS Y ORVIETO. En el mismo corazón de Umbría.... 165
   MILÁN Y LOS LAGOS DEL NORTE. Lo mejor de
      Lombardía 171
   LA COSTA LIGURIA. Génova, Santa Margarita y
      Portofino 177

FRANCIA 183
   PARÍS. Un recorrido de ensueño 185
   LA RIVIERA FRANCESA. De Niza a St-Tropez 191
   NORMANDÍA. Un encuentro con la historia 197

Sobre el autor 203

Prólogo

Entre los muchos géneros periodísticos que existen, la crónica es uno de mis preferidos. Quizás sea porque es el que más se acerca a la literatura. Hay algunas que han sido escritas tan creativamente y con tantos recursos lingüísticos, que bien podrían considerarse obras de mayor envergadura. Gabriel García Márquez, uno de los mejores cronistas de todos los tiempos, decía que a veces es difícil distinguir entre una crónica y un cuento. Y tenía razón; sobre todo cuando se trata de las de viaje, que son precisamente las que más oportunidades ofrecen de ser escritas como si fuesen literatura. Que es lo que siempre traté de hacer en las que, durante más de veinte años, escribí para El Nuevo Herald, y que ahora aparecen recogidas en este libro que tiene en sus manos y que, atendiendo al orden numérico de las mismas, titulé: *De Cádiz a Normandía*.

En realidad, aquí solo está una parte de ellas: las correspondientes a España, Italia y Francia. Las otras tendrán que esperar un segundo volumen que incluya las de Londres, Dublín, Edimburgo, Oslo, Helsinki, Copenhague, Estocolmo, Praga, Varsovia, Moscú, Pekín, Bangkok, Hong Kong, Tokío, Lima, Buenos Aires, Río de Janeiro, Boston y Nueva York, por solo citar algunas de las ciudades más conocidas que he visitado. Es posible que sea necesario un tercer volumen. Y es que cuando comencé a reunirlas, descubrí que eran más de las que recordaba. Pero también descubrí que todas estaban escritas no solo tratando de que se acercasen un poco a la literatura, sino también pensando en ofrecerle al lector una información que le resultase útil. Es decir, un texto que se balancease armónicamente entre la lírica descripción de un atardecer en Positano y una simple explicación sobre cómo evitar las largas líneas para entrar al museo de Uffizi en Florencia.

De Cádiz a Normandía es un libro que puede ser disfrutado por todos; tanto los que ya han visitado los lugares que se describen en él, como los que esperan hacerlo algún día. Para los primeros, estas crónicas serán un nostálgico recorrido por las estrechas callejuelas del casco viejo de Sevilla o el recuerdo de un romántico paseo nocturno bajo los puentes del Sena; y para los segundos, serán un avance de los tesoros artísticos que podrán descubrir en los museos del Vaticano y del Louvre o el asombro que les espera cuando visiten la monumental e inacabada catedral de la Sagrada Familia en Barcelona. Los viajes enriquecen, nos ilustran y nos dan cultura. Nos permiten conocer otros pueblos, otras costumbres y otros sabores y olores. Sí, por eso viajamos: para maravillarnos con las grandes creaciones de la humanidad, para conocer otros mundos y para encontrarnos con nosotros mismos.

Manuel C. Díaz
Miami, enero de 2016

ESPAÑA

CÁDIZ

El cielo más azul de Andalucía

Cuando supieron que visitaría Cádiz, algunos amigos me aseguraron que se parecía a La Habana. «Es igualita», me dijeron. Bueno, se parece un poco; pero no tanto. Con excepción de la intensidad del azul de su cielo, un malecón en forma de concha (con un par de castillos, el de San Sebastián y Santa Catalina, convenientemente levantados a la altura de la playa de La Caleta) y media docena de ornamentadas y hermosas plazas, las similitudes son más nostálgicas que reales. Falsas recreaciones visuales de una ciudad que se desvanece en nuestra memoria; imágenes clonadas por la añoranza. Mis amigos confundieron la Plaza de San Juan de Dios de Cádiz, rodeada de casas pintadas de amarillo y blanco y llena de árboles de naranja, con el Parque de la Fraternidad de La Habana que está rodeado de vetustos edificios coloniales y bendecido por la sombra amable de sus centenarias ceibas.

El Costa Mediterránea, nuestro crucero, arribó al puerto de Cádiz, como en las paradas anteriores, al amanecer. Habíamos decidido no comprar ninguna de las excursiones que ofrecía el barco porque todas eran caras y a lugares que ya habíamos visitado. Nuestra mejor opción era permanecer en la ciudad y visitarla por nuestra cuenta. Y eso fue lo que hicimos. Al desembarcar, sin que hubiésemos planeado por donde comenzar, vimos que del mismo muelle partían esos autobuses rojos descapotables que recorren las ciudades parando en los lugares turísticos de mayor interés. Compramos los boletos (que son válidos durante todo el día) pero, al parecer, todos los pasajeros del barco habían tenido la misma idea porque las colas para abordarlos le daban la vuelta a la cuadra. Entonces decidimos, para no perder tiempo, ir caminando hasta la Catedral que, según el mapa que teníamos, no quedaba lejos. Así podríamos, durante el recorrido, ver otros lugares de interés como la Plaza de España que estaba, como enseguida descubrimos, frente a la misma Terminal portuaria. Ya tendríamos oportunidad de tomar el ómnibus, más adelante, en cualquiera de las otras paradas.

La Plaza de España está dominada por el Monumento a la Constitución, una impresionante obra conjunta del arquitecto Modesto López Otero y el escultor Aniceto Marinas, que se comenzó a construir en 1912 y no fue terminada hasta 1929. La parte baja del monumento está diseñada como si fuera una cámara legislativa, pero con la silla presidencial vacía. En su centro, una figura femenina en mármol (que representa a España), está flanqueada por dos piezas de bronce que simbolizan la paz y la guerra. El monumento, en su conjunto, está ligado de alguna manera al famoso grito ¡Viva la Pepa!, con el que los liberales españoles proclamaban su adhesión a la Constitución de Cádiz de 1812. Con el tiempo, la expresión terminó convertida –al menos para los que, como yo, no conocían su procedencia– en sinónimo de improvisación y desorden.

De la Plaza de España seguimos caminando por la Avenida del Puerto y llegamos a la Plaza de San Juan de Dios, una de las más concurridas de la ciudad. Su construcción comenzó en el siglo XV, pero no fue hasta 1906, cuando derribaron las viejas murallas que rodeaban la ciudad, que alcanzó su tamaño actual y se sembraron los naranjos que crecen entre sus bancos de madera. Frente a ella se alza el edificio del Ayuntamiento. Fue aquí, en 1936, cuando por primera vez se izó la bandera de Andalucía. Estuvimos un rato dando vueltas por la Plaza hasta que dimos con la calle que nos llevaría hasta la Plaza de la Catedral. En el mapa parecía fácil, pero no fue así. El casco viejo de Cádiz en un intricado laberinto de callejuelas que desembocan en diferentes plazas. Por suerte la dorada cúpula de la Catedral, que sobresale por encima del resto de las edificaciones, nos fue guiando en el recorrido.

La Plaza de la Catedral no es tan grande –ni tan bonita– como las de España y San Juan de Dios, pero es más importante. Es aquí donde se alza la Catedral de Cádiz, que se empezó a construir en 1722 y no se terminó hasta el 28 de noviembre de 1838. Por el tiempo que demoró su construcción, al igual que otras catedrales europeas, su arquitectura es una mezcla de estilos que van, desde el barroco hasta el neoclásico, pasando también por el rococó. La catedral posee varias cúpulas, pero la principal está cubierta de mosaicos dorados (algo típico de la religión musulmana) que la convierte en la única iglesia cristiana con un domo amarillo. Otra cúpula está situada sobre el Altar Mayor y otra, más pequeña, sobre una sala dedicada a guardar reliquias. Bajo el Altar Mayor se encuentra la cripta, situada bajo el nivel del mar, y donde están enterrados algunos ilustres gaditanos, como el compositor Manuel de Falla y el periodista y poeta José María Pemán. Para subir a la Torre del Poniente, que está al lado de la Catedral, hay que comprar unos boletos que también sirven para visitar el Museo Catedralicio, situado a solo un par de cuadras de distancia, en la Plaza Fray Félix, justo al lado de la Catedral Vieja.

Para llegar al mirador de la Torre del Poniente hay que subir por una escalera en forma de caracol con disparejos peldaños de piedra que hacen difícil el ascenso. Pero vale la pena hacerlo. Desde lo alto, las vistas de Cádiz, que está asentada en una estrecha lengua de tierra rodeada por el Atlántico, son abarcadoras. Por uno de sus lados pueden verse las playas y la parte nueva de la ciudad con sus modernas avenidas. Y por el otro, todo el casco viejo de la ciudad con su ecléctica arquitectura de básicas influencias fenicias y africanas y su carga histórica de las épocas cartaginesas, romanas y bizantinas. ¿Hacia dónde mirar en busca del lugar donde vivieron Aníbal, el cartaginés, y Julio Cesar? ¿Y desde qué punto de la costa partió Cristóbal Colón en su segundo viaje a las nuevas tierras? En lo alto de la Torre del Poniente es posible hacerse esas y otras muchas preguntas. Hay tanta historia en Cádiz. Por eso, en el mirador, en cada una de las ventanas que se abren a los cuatro puntos cardinales, un sistema de audio brinda información a los turistas en cinco idiomas. Podíamos haber estado allí más tiempo, pero todavía nos faltaba por visitar la Casa del Obispo, donde se encuentra un yacimiento arqueológico que es, por una parte, un monumento funerario fenicio, y por la otra, un santuario romano.

    Al salir de la Casa del Obispo decidimos almorzar antes de tomar el ómnibus en el que pensábamos recorrer lo que nos quedaba por ver de Cádiz. Y lo hicimos en uno de los varios restaurantes que, con mesas al aire libre, hay en la misma Plaza de la Catedral. En realidad, lo que hicimos fue tapear. Ordenamos unas gambas al ajillo, croquetas de bacalao, una tortilla de papas y un par de cervezas. Y al final, un café.

    A solo unas cuadras de allí, frente al malecón, estaba una de las paradas del ómnibus turístico. No tuvimos que esperar mucho porque hay varios haciendo el recorrido. Subimos hasta el segundo piso que es, aunque se esté bajo el sol, desde donde se puede ver mejor. Así pasamos frente al Castillo de San Sebastián, construido en 1706, y frente al de Santa Catalina, construido en 1598 después del saqueo de la ciudad por los ingleses. Más allá de la playa de La Caleta, que es donde están esos dos castillos, está la playa Victoria, una de las más visitadas por los turistas pues está llena de bares y restaurantes. También pasamos frente al Parque Genovés y la Iglesia de Nuestra Señora del Carmen. Y como el ómnibus transita por las avenidas que van bordeando la costa, terminamos frente a la Puerta de Tierra, que con sus dos grandes arcos de piedra, es la única de las puertas de entrada al casco viejo que quedan en pie. Cuando el ómnibus terminó de darle la vuelta a la ciudad, nos bajamos en la parada de la Alameda de Apodaca para caminar un poco por sus hermosos paseos repletos de flores. Después de tomarnos un café, como ya casi era la hora de regresar, emprendimos el camino de vuelta. El muelle Alfonso XIII, donde estaba atracado el barco, no quedaba lejos. Caminamos por toda la Avenida Marqués de Comillas hasta que llegamos otra vez a la Plaza de España. Volvimos a pararnos frente al Monumento a la Constitución y, haciendo un esfuerzo, tratamos de imaginarnos que estábamos en el Parque Central de La Habana. Así podríamos decirle a nuestros amigos: «Sí, Cádiz se parece a La Habana». Para enseguida añadir: «Bueno, un poco; no tanto».

SEVILLA

Más allá de la Giralda

La Catedral de Santa María y su Torre de la Giralda son para Sevilla, lo que la Alhambra y la Mezquita son para Granada y Córdoba. Es decir, sus principales atracciones turísticas. Y ese fue precisamente el lugar por donde comenzamos nuestra visita a Sevilla. Habíamos llegado desde Madrid (un viaje de apenas dos horas en el AVE) a la estación de trenes de Santa Justa, donde tomamos un taxi hasta nuestro hotel, el Fernando III, situado convenientemente en el corazón del barrio de Santa Cruz. Desde allí se puede caminar (se llega en menos de 15 minutos) hasta la Plaza del Triunfo, donde se encuentran la Catedral y el Alcázar. Y eso fue lo que hicimos después de dejar las maletas en el hotel.

    La Catedral de Sevilla es una de las más grandes (la tercera después de la de San Pedro en el Vaticano y de la de San Pablo en Londres) de Europa. Su construcción demoró casi 120 años (comenzó en 1401 durante la Reconquista) y se levantó sobre los cimientos de lo que había sido una mezquita. Su visita puede demorar de dos a tres horas, dependiendo de si se hace por cuenta propia o usando unos audífonos (auto-guía) que cuestan 3 Euros. Es una visita interesante; no importa cómo se haga. Justo a la entrada está la tumba de Colón, un impresionante conjunto escultórico, donde reposan parte de los restos (traídos desde Cuba en 1899) del descubridor. En el interior de la Catedral hay numerosas capillas, pero es el Altar Mayor, con su inmenso retablo de 65 pies de alto y las 44 escenas de la vida de Jesús, talladas en madera, lo que realmente impresiona. A un lado del Altar Mayor se encuentra la entrada para subir a la Torre de la Giralda, y poder disfrutar de una vista panorámica de la ciudad. Al bajar se puede visitar el Patio de los Naranjos, uno de los dos remanentes (el otro es la Torre de la Giralda, que antes era un minarete) de la antigua mezquita, donde los musulmanes que la visitaban debían realizar sus abluciones antes de entrar en ella.

En los alrededores de la Plaza del Triunfo también se encuentran el Archivo General de Indias, donde se guardan los más de cuarenta y tres mil volúmenes (ochocientos millones de páginas) que recogen la historia del descubrimiento y la conquista del Nuevo Mundo, y el Alcázar, que al igual que la Catedral, puede ser visitado. Construido en el siglo X como un palacio para los gobernadores moros de la época, el Alcázar es un perfecto ejemplo de la llamada arquitectura mudéjar. En su interior, después de pasar el Patio de los Leones, pueden verse las tres edificaciones principales: el Cuarto del Almirante, el Palacio de Pedro el Cruel, y el Palacio Gótico, desde donde puede accederse a los Jardines; primero, al llamado Jardín Moro y después, al Jardín Cristiano. Todavía hoy, después de tanto tiempo, el Alcázar sigue siendo lo que fue al principio: un Palacio Real. Y es que sus niveles superiores son usados por la familia real como residencia oficial cuando visitan Sevilla.

De la Plaza del Triunfo salimos a la Avenida de la Constitución, una de las más importantes vías peatonales de Sevilla, llamada así por la Constitución de 1978, adoptada después de la muerte de Franco. Esta avenida comienza en la Plaza Nueva, donde está el Ayuntamiento, y corre hasta la Puerta de Jerez, desde donde salimos, por la Avenida Cristina, hasta el Paseo de Cristóbal Colón, que se extiende a lo largo del río Guadalquivir. Es en este Paseo, justo frente al Teatro de la Maestranza, donde se puede tomar uno de los autobuses panorámicos de dos plantas y de color rojo (City Sightseeing Sevilla es el nombre de la compañía) que recorren toda la ciudad. Como eran casi las cinco de la tarde, decidimos regresar a la mañana siguiente para aprovechar mejor el recorrido.

Esa noche, por sugerencia del carpetero del hotel, cenamos en el restaurante La Judería, situado a solo unas pocas cuadras. Entre los comensales, los únicos turistas éramos nosotros; lo cual siempre es una buena señal. Y así fue; la comida estuvo deliciosa y el servicio excelente. Para empezar, ordenamos una crema de verduras y una ración de croquetas de la casa; y como plato fuerte, un lomo de corvina a la plancha y un entrecot de ternera a la brasa de carbón de encina. Lo acompañamos todo con una botella de vino Protos, un tinto de Ribera del Duero, que nos recomendó el camarero. Para finalizar, pedimos un flan de vainilla al caramelo y un café expreso.

Al otro día, temprano en la mañana, volvimos a caminar hasta la Avenida Cristóbal Colón y tomamos el ómnibus turístico. Los boletos, que son válidos por 24 horas, cuestan 17 Euros para los adultos y 7 para los niños. Tiene cuatro paradas (Torre del Oro, Plaza de España, Isla Mágica y Monasterio de la Cartuja), pero en su recorrido pasa por más de cincuenta lugares de interés histórico, que son explicados a través de los audífonos en varios idiomas (español, inglés, alemán, francés, italiano, japonés y otros). Así fue que pasamos frente a las Murallas del Alcázar, el Acueducto Árabe, el Parlamento de Andalucía, el Estadio Olímpico, los Jardines del Guadalquivir y la Plaza de Toros, así como un paseo por el famoso barrio de Triana. Como teníamos interés en visitar la Basílica de la Macarena (protectora de los toreros), nos bajamos en la parada de la Isla Mágica, que era la que más cerca estaba de ella. Todo lo que tuvimos que hacer fue cruzar el Puente de la Barqueta, tomar la calle Resolana y en menos de diez minutos ya estábamos allí.

La Basílica de Santa María de la Esperanza Macarena (popularmente conocida como la Macarena) es un templo católico en cuyo edificio está la sede de la Hermandad de la Esperanza Macarena, que hace penitencia en la madrugada del Viernes Santo y sale en procesión con las imágenes de Jesús y María, desde las doce de la noche hasta las dos de la tarde, a través de las calles de Sevilla. La iglesia, aunque pequeña, tiene cuatro capillas y un museo. El retablo del altar mayor es de estilo neobarroco y alberga la Virgen de la Macarena, una imagen anónima de finales del siglo XVII. Otra de las capillas está destinada al culto de Nuestro Padre Jesús de la Sentencia. A un costado de la iglesia es posible ver partes de la antigua muralla que rodeaba Sevilla.

Volvimos a tomar el ómnibus y nos bajamos en la parada de la Torre del Oro (que es donde comienza y termina el recorrido), porque nos quedaba cerca de donde se estaba celebrando la famosa Feria de Sevilla. Cruzamos el Puente de San Telmo y, bordeando la Plaza de Cuba, llegamos a la calle Asunción, que era la que conducía directamente hasta la entrada de la Feria. Ya antes de llegar comenzamos a ver a las mujeres, vestidas con los trajes típicos, que se dirigían a la Feria. Dentro de los terrenos de la feria, decenas de vistosos jinetes cabalgando hermosos caballos árabes recorrían las calles donde cientos de casetas, pertenecientes a familias particulares y a diferentes asociaciones culturales, se alineaban a todo lo largo. Dentro de ellas, se comía, se bebía y se bailaba. Todos parecían conocerse y la diversión era contagiosa. A las casetas no se puede entrar, a menos que uno sea invitado; pero había un par de casetas (municipales) a las que sí se podía entrar y tomar una copa de vino y probar algunas tapas. Pero la verdadera diversión estaba en las calles. Y eso fue lo que hicimos: caminar por la feria y disfrutar de su alegría. Así fue como nos despedimos de Sevilla: entre coches de caballos engalanados, vistosas batas de lunares, vino y música flamenca. Una bonita y sevillana manera de hacerlo.

CÓRDOBA

Con la promesa de regresar

Levantada a orillas del río Guadalquivir y con la Sierra Morena como telón de fondo, Córdoba es una de las ciudades más bellas de Andalucía. Y de las más visitadas también. Todos los operadores de *tours* la incluyen, junto a Sevilla y Granada, en sus itinerarios. Y cómo no iban a hacerlo si en su casco antiguo (declarado Patrimonio de la Humanidad por la UNESCO) todavía puede palparse, en sus edificaciones y calles, una parte importante de su historia; tanto de la época romana como de la musulmana, quizás la de mayor esplendor, cuando siendo capital del Califato florecieron las letras y las ciencias. Fue por eso, y porque queríamos volver a ver su impresionante Mezquita, que nosotros también la incluimos en el itinerario de nuestra última visita a España.

Los principales puntos de interés turístico de Córdoba están concentrados dentro del casco antiguo. Y fue allí donde comenzamos el recorrido. Como estábamos hospedados en el Hotel Parador, que está situado en las faldas de la sierra (erigido sobre los vestigios del que fuera palacete de verano de Abderramán I) y un poco alejado del centro, tomamos un taxi que nos dejó en la misma puerta del Alcázar de los Reyes Cristianos, donde debíamos encontrarnos con el guía de una excursión que habíamos comprado el día anterior en la carpeta del hotel y que comprendía visitas al Alcázar, a la Mezquita, a la Sinagoga y un recorrido a pie por el barrio de la Judería. Pudimos haberlo hecho por nuestra cuenta, pero nos pareció que con las explicaciones de un guía profesional aprovecharíamos al máximo la visita. El Alcázar, mandado a construir en 1328 por Alfonso XI, fue durante algún tiempo la residencia principal de Isabel y Fernando, los llamados Reyes Católicos. Fue aquí donde ambos monarcas planearon la reconquista de Granada (último reducto de los moros) y también donde despidieron a Cristóbal Colón cuando salió hacia el nuevo mundo. Un poco después, sus instalaciones sirvieron como sede de la Inquisición. Pero antes de todo eso, el Alcázar fue una fortaleza visigoda; hasta que cayó en manos de los emires de Umayyad, quienes lo reconstruyeron. Los sucesores de Abderramán I lo usaron, ya en la época del Califato de Córdoba, como Palacio, desde donde gobernaron gran parte de la Península Ibérica. Lo que más impresiona del Alcázar no son sus torres, la de los Leones y la del Homenaje (a las cuales se puede subir y desde donde puede verse toda la ciudad), ni siquiera sus baños árabes (convertidos en cámaras de interrogación y tortura de los inquisidores), sino sus hermosos jardines, repletos de flores y separados unos de otros por fuentes saltarinas que se alinean uniformes entre cipreses de un profundo verdor y sobrias estatuas de monarcas españoles.

 Al salir del Alcázar comenzamos el recorrido de la Judería (el antiguo barrio judío) y nos adentramos en su intrincado laberinto de callejuelas empedradas y pequeñas plazas, hasta llegar a uno de sus principales puntos de interés, la Sinagoga, pequeña pero bellamente conservada (la única que queda en Córdoba) con sus paredes dibujadas con Estrellas de David. Construida en 1315 durante la época cristiana de Alfonso XI el Justo, su decoración tiene profundas raíces islámicas y se remontan al reinado de Abderramán I, cuando los judíos eran bienvenidos. Fueron tiempos de una gran tolerancia religiosa que se vio interrumpida con la llegada de los bereberes de la dinastía Almohades que reprimieron tanto a los judíos como a los cristianos. Justo frente a la Sinagoga se encuentra la Casa de Sefarad, una parada necesaria para poder comprender la historia de los judíos españoles (sefardíes) a través de sus costumbres, sus festividades y su música.

Pero si las visitas al Alcázar, a la Sinagoga y a la Casa de Sefarad resultaron interesantes, todavía nos faltaba la imprescindible visita a la famosa Mezquita (hoy día es la Santa Iglesia Catedral de Córdoba), a la cual entramos, acompañados de nuestro guía, por la Puerta del Perdón, que es la que accede al Patio de los Naranjos, donde los musulmanes realizaban sus abluciones. Allí mismo, antes de que entrásemos a la Catedral, comenzaron las explicaciones: «Bajo toda catedral, siempre hay un lecho de catedrales ocultas». En el caso de la de Córdoba se sabe, mediante las excavaciones arqueológicas realizadas, que sus orígenes eran visigodos y que allí se levantó la basílica de San Vicente (una iglesia martirial del siglo VI), destruida para construir sobre ella, en 785 durante la dominación musulmana, la Mezquita, considerada en su tiempo (cuando Córdoba era capital de *Al-Andalus*) la más importante del Islam Occidental. Sucesivas ampliaciones durante los emiratos de Abderramán I y II, Alhakén II y Almanzor, resultaron en la adición del *mihrab* (el espacio junto al cual el imán dirige la oración) y ocho nuevas naves en las que se desplazan las 850 columnas de mármol, granito y alabastro que, con sus colores rojos y azul, contrastan con los tonos de sus arcos de piedra blanca y ladrillos rojos.

La transformación cristiana de la Mezquita se llevó a cabo después de la reconquista de Córdoba, en 1236, por el rey Fernando III, y consistió en un ritual de purificación para que la Mezquita se convirtiera (la primera eucaristía se celebró bajo el lucernario construido por Alhakén II) en un lugar de consagración a Cristo. Más tarde se construyó allí mismo la Capilla Mayor, a la que siguieron las restantes capillas (Real, Purísima Concepción y San Pablo) y el salón del Tesoro Catedralicio, donde se encuentra depositada la Custodia del Corpus Christi, que todavía hoy procesiona por las calles de Córdoba. La cristianización de la Mezquita terminó, simbólicamente, cuando el minarete de Abderramán III fue cubierto y trasformado en la Torre de la Catedral, coronada con una escultura de San Rafael, arcángel custodio de la ciudad. Al terminar la visita de la Mezquita, salimos por la Puerta de Santa Catalina, que da a la calle González Frances, desde donde caminamos hasta el Puente Romano, el cual cruzamos para llegar hasta la Torre de la Calahorra, una fortaleza de origen islámico, concebida para proteger la ciudad. Desde allí, tomamos un taxi y regresamos al hotel.

    Al otro día, por nuestra cuenta, recorrimos otra parte de la ciudad y visitamos la Plaza de Colón, una de las más populares de Córdoba, y también de las más bonitas pues en su centro hay una hermosa fuente rodeada de jardines. De la Plaza de Colón salimos por la Puerta Osario y tomamos la calle Alfaros que nos llevó directo al Ayuntamiento y a la Plaza de la Corredera, parecida a la Plaza Mayor de Madrid y a la de Salamanca, pero con menos encanto. De la Plaza de la Corredera caminamos hasta la del Conde de Priego, donde se levanta un monumento al gran torero Manolete y donde estábamos citados con el guía que nos llevaría en un recorrido por los patios cordobeses. Y es que tuvimos la suerte que esa semana de mayo se estaba celebrando en Córdoba el Concurso Popular de Patios, que es organizado todos los años por el Ayuntamiento de la ciudad y con el cual se premian los esfuerzos de los vecinos por conservar los tradicionales patios cordobeses.

    Nuestro *tour* incluía un recorrido por algunos de los patios que estaban concursando (a los cuales se podía entrar) y una cena en un restaurante típico del barrio de Santa Marina, más conocido como el de los toreros. Visitamos casi una docena de patios y todos, por el colorido de sus rosas, geranios, jazmines, nardos y claveles, nos parecieron merecedores de un primer premio. El recorrido terminó casi al anochecer. Un poco más tarde, entre las fotos de los diestros famosos que adornaban las paredes del restaurante, nos despedimos de Córdoba junto a nuestro guía y al resto del grupo. Y lo hicimos de la mejor manera posible: con un buen plato de salmorejo y un estupendo estofado de rabo de toro. Para finalizar, un brindis colectivo con un exquisito fino de las bodegas Montilla Moriles. Todos alzamos las copas y prometimos regresar. Cuando caminábamos de vuelta a la Plaza del Conde de Priego, el aroma nocturno de los patios cordobeses nos envolvió de repente. En ese momento supimos que cumpliríamos nuestra promesa de regresar.

GRANADA

Un encuentro de culturas

Desde que vimos los picos de la Sierra Nevada, supimos que estábamos cerca de Granada. Veníamos por la Autopista A-92 (habíamos salido de Córdoba temprano en la mañana) y enseguida, en menos de quince minutos, ya nos estábamos bajando en la salida de la circunvalación de Ronda Sur. No tardamos en encontrar, casi a la altura del río Genil, la Calle Recogidas, que es la que conduce hasta la Plaza de Isabel la Católica, justo en el centro histórico. A solo unas cuadras de allí estaba nuestro hotel, el Granada Meliá. Aquí es necesario hacer una advertencia: no olvide registrar su auto en la recepción del hotel (el tránsito está restringido en el centro y hay cámaras fotografiando las chapas de los automóviles que entran a la zona) para que no tenga que pagar una multa al final del viaje –como nos ocurrió a nosotros– cuando devuelva el auto en la agencia. Como ya era casi el medio día, en cuanto dejamos las maletas en la habitación, salimos a caminar para aprovechar lo que quedaba de la tarde. En el centro de Granada hay varios lugares de interés a los que se puede llegar caminando, siendo el más importante la Catedral, la segunda más grande del país, levantada sobre lo que fue la Mezquita Nazarí.

La Catedral de Granada, un gran edificio de cinco naves separadas por pilares con columnas clásicas y griegas, comenzó a edificarse en 1505, poco después de la caída de la ciudad en manos de los Reyes Católicos. El templo se concibió tomando como modelo la Catedral de Toledo, por lo que empezó siendo (su fachada es una prueba de ello) un proyecto gótico. Sin embargo, cuando en 1529 se encargó su continuación a

Diego de Siloé, su arquitectura derivó hacia una estética completamente renacentista. Por un momento pensamos entrar; pero como supusimos que recorrer su interior nos tomaría mucho tiempo, lo que hicimos fue comprar boletos para visitar la Capilla Real (un edificio adjunto a la Catedral), en cuyo interior se encuentran los sepulcros (el resto de los monarcas españoles están enterrados en el monasterio de El Escorial) de Isabel y Fernando, así como los de Juana, la loca y Felipe, el hermoso. En la Capilla Mayor también destacan el Gran Retablo, obra de Bigamy, y la Sacristía, donde una pirámide de cristal conserva el Cetro y la corona de la Reina Isabel.

Al salir de la Capilla Real, caminamos un poco por las callejuelas de Alcaicería, en las inmediaciones de la Catedral, un área repleta de pequeñas tiendas donde es posible comprar todo tipo de artesanía granadina, sobre todo objetos (azulejos y jarrones) hechos de la popular loza de Fajalauza, usualmente elaborada en el barrio del Albaicín. Después, antes de regresar al hotel, visitamos la Iglesia de Santo Domingo y el Paseo del Salón, un bonito bulevar con fuentes y jardines, a la altura de la Acera del Darro y muy cerca del Corte Inglés. En realidad, en el centro de Granada no hay mucho que ver. Es cierto que a sus principales puntos de interés (La Alhambra, los Jardines del Generalife, Albaicín y Sacromonte) también se puede, con un poco de esfuerzo, ir caminando; pero no se puede cubrir todo en un día. Por eso fue que decidimos comprar dos excursiones guiadas: una a la Alhambra y los Jardines durante la mañana; y otra en la noche con visitas al barrio de Albaicín y a las cuevas de Sacromonte, con un *show* incluido.

La visita a la Alhambra la hicimos bajo la lluvia. Aun así, con sombrillas y capas, valió la pena. Y es que la magnificencia de este lugar, no tiene comparación. No en balde es una de las razones por la que la mayoría de los turistas incluye a Granada en sus itinerarios. El recorrido comprendía los Palacios Nazaríes, los Jardines del Generalife, el Palacio de Carlos V y la Alcazaba, y en cada uno de ellos recibimos una lección de historia por parte de nuestro guía. Comenzamos por los Palacios Nazaríes (un conjunto formado por el Palacio del Mexuar, el de Comares y el de los Leones) y sus diferentes salas: la de la Barca; la de los Embajadores; la de las Dos Hermanas y la de Abencerrajes. Entre salón y salón están los patios, como el de los Arrayanes (en uno de sus costados estaba el harén del Sultán) y el de los Leones, que el día de nuestra visita estaba en reparaciones. A la salida de los palacios están los Jardines del Generalife, una zona anexa a la Alhambra que era donde los reyes musulmanes descansaban de sus deberes oficiales y que constan de un palacio, paseos y miradores, así como numerosas fuentes como las que están en el Patio de la Acequia.

Adjunto al Palacio de los Leones y al de Comares, justo donde ambos convergían, el Rey Carlos V construyó el suyo, una impresionante edificación renacentista con un patio circular rodeado de columnas de mármol. Hoy día sus salones albergan el Museo del Alhambra y el de Bellas Artes. Saliendo de este palacio, a la derecha, se encuentra la Alcazaba, una fortaleza del siglo XII que defendía la Alhambra. Fue en una de sus torres donde las banderas de Aragón y Castilla se izaron en 1492 cuando los cristianos ocuparon la ciudad. Se cuenta que al verlas, el rey moro Boabdil lloró de tristeza, lo que dio origen a la frase, «llora como mujer lo que no supiste defender como hombre», supuestamente pronunciada por su madre.

La segunda excursión comenzó al anochecer y la primera parada fue en la iglesia de San Nicolás, situada en la parte más alta del barrio del Albaicín y desde donde puede verse la Alhambra iluminada. Desde allí, nuestro guía nos llevó caminando (después de detenernos un momento en la Gran Mezquita, justo al lado de San Nicolás) por las estrechas callejuelas del Albaicín, que es el antiguo barrio árabe de Granada. En su momento de mayor esplendor (últimos años del dominio nazarí), el Albaicín tenía una población de más de cuarenta mil habitantes y una treintena de mezquitas que, cuando los árabes fueron expulsados, terminaron siendo convertidas en iglesias.

Fue en esa época que los cristianos ricos aprovecharon las casas que los árabes dejaban para construir sus «cármenes», una vivienda típica de Granada con un espacio verde anexo que es, a la vez, jardín y huerta. Durante el recorrido, nuestro guía nos señaló algunas de ellas. A pesar de que estaban cerradas se podía advertir (mirando a través de sus verjas) una sobria elegancia arquitectónica entre lo rústico y lo moderno.

El ómnibus nos recogió en un punto previamente acordado entre el guía y el conductor, y salimos rumbo a Sacromonte, el barrio de los gitanos granadinos. En realidad, pudimos haber ido caminando. Y es que, no solo está muy cerca del Albaicín, sino que únicamente tiene una calle principal. Además de su Abadía (construida por el arzobispo Pedro de Castro en siglo XVII) y de algunos monumentos en la Carrera del Darro, lo más interesante del Sacromonte son sus cuevas, que es donde viven los gitanos, y cuyos orígenes se remontan al siglo XVI cuando la población musulmana y judía fue expulsada de sus hogares. A estos expatriados se le unieron los gitanos que llegaron a España en el siglo XV después de deambular por Europa y África. Para ellos, las cuevas se convirtieron en viviendas. Y también, en la actualidad, en sitios turísticos, como la Cueva de la Rocío (la misma que visitó la primera dama Michelle Obama en agosto del 2010, cuando viajó a España), que era el lugar donde veríamos el *show* de Zambra Gitana que estaba incluido (junto con una copa de vino) en el precio de la excursión.

Cuando terminó el *show*, el ómnibus nos recogió en la entrada de la cueva y emprendimos el camino de regreso. Antes de que comenzase el descenso, en uno de los recodos del camino, el conductor aminoró la velocidad del vehículo y la guía nos pidió que mirásemos hacia la izquierda. Fue solo un momento, pero a todos nos pareció que era una maravillosa manera de despedirnos de Granada. En la distancia, la Alhambra resplandecía en todo su esplendor.

MÁLAGA

Capital de la Costa del Sol

Cuando uno piensa en Andalucía piensa primero en Sevilla, quizás la más andaluza de todas las ciudades que conforman la región. Después, cuando pensamos en Córdoba y Granada, es como si cerrásemos el imaginario triángulo de sus provincias interiores. Entonces, de repente, aparecen las románticas imágenes de gitanos, bailadoras de flamenco, vistosos caballos de paso fino y toros bravíos. Es la Andalucía que todos conocemos, la de los moros, inmortalizada por Washington Irving en sus *Cuentos de la Alhambra* y legítima heredera de ochocientos años de ocupación árabe. Pero hay otra Andalucía. La que podríamos llamar, la marítima. Y es que, en efecto, cinco de las ocho provincias andaluzas, están en la costa. Entre ellas, Málaga, uno de los puertos que nuestro crucero, el Costa Mediterránea, tocó en su recorrido.

No es que en Málaga no se sienta el ambiente andaluz. Se siente, claro. Lo que pasa es que su cercanía con Torremolinos, Fuengirola y Marbella, la han convertido en una especie de punto de partida para las playas. Así, la asociación con la famosa Costa del Sol es inevitable. Quizás por eso cuando desembarcamos allí, nuestra excursión, en lugar de comenzar por la Catedral, o por el Palacio Episcopal, o por la Plaza de Toros de la Magdalena, o hasta por el Museo de Pablo Picasso, lo que hizo fue alejarse de la ciudad y tomar una autopista rumbo a Marbella, hogar de las estrellas de cine (nuestro guía no se olvidó de señalarnos, en lo alto de una colina, la casa de Sean Connery), de las familias reales árabes que se han asentado en la zona con sus mezquitas incluidas, y también de todos los ricos y famosos de Europa que se dejan retratar, a la salida de las discotecas de la Milla Dorada o en las cubiertas de sus yates, por los fotógrafos de las revistas del corazón españolas.

Llegamos a Marbella a las nueve de la mañana de un domingo. No es de extrañar que sus calles estuviesen desiertas. A esa hora todos dormían. Así que, aunque nos perdimos el ambiente de fiesta que caracteriza a Marbella, pudimos recorrer con tranquilidad, partiendo de la Plaza de los Naranjos, las estrechas callejuelas que la rodean y en las que todavía es posible admirar viejas casas pintadas de blanco con macetas de begonias colgando de sus balcones. De la Plaza de los Naranjos caminamos otra vez hasta la calle principal de Marbella, que es la Avenida Ricardo Soriano, y lo hicimos a la altura del Parque de la Alameda, donde comienza una especie de explanada conocida como Avenida del Mar. Son tres o cuatro cuadras con piso de mármol y áreas verdes muy bien cuidadas en las que se alinea una extensa colección, al aire libre, de Salvador Dalí.

Al final de la Avenida del Mar está el Paseo Marítimo, con muchos restaurantes de mariscos alineados frente a pequeñas playas que, en forma de ensenadas, corren a lo largo del Paseo. Caminamos un poco por la acera que da a la playa, pero todo estaba cerrado. Con un poco de imaginación –y pensando un poco en South Beach– logramos adivinar como sería Marbella cuando todos aquellos restaurantes estuviesen abiertos y en sus playas no cupiesen los bañistas. Pero a esa hora de la mañana, solo dos o tres parejas de ancianos paseaban por la avenida. El *jet set* todavía dormía en sus villas.

A solo cuatro millas de Marbella está Puerto Banús, una marina de lujo donde es posible ver los yates más costosos del mundo. Antes de llegar, nuestro guía nos explicó que la marina fue construida en 1970 –como un complejo turístico para los ricos y famosos de Europa– por José Banús, un poderoso contratista amigo de Franco al que llamaban «el constructor del régimen». Y aprovechó para decirnos, siguiendo su tendencia de citar nombres de famosos, que a su inauguración asistieron desde reyes y príncipes (el Aga Khan y Rainier y Grace de Mónaco) hasta directores de cine y revistas (Roman Polanski y Hugo Hefner) y que Julio Iglesias fue el que cantó para los más de mil invitados que asistieron al evento.

Puerto Banús es más pequeño que Marbella. En el centro de la ciudad está la marina, y a su alrededor se encuentran restaurantes, bares, discotecas y numerosas tiendas de diseñadores. Cuando llegamos era casi el mediodía y en todas las dársenas había un yate atracado. Pero no había nadie en ellos. Ni siquiera la tripulación. Al igual que en Marbella, la ciudad todavía dormía. Al final del embarcadero, que es donde se alza la Torre del Puerto, hay un mirador desde el cual puede verse toda la bahía. Detrás de las embarcaciones, a lo lejos, también pueden verse las blancas villas que, trepando por sus cerros, llegan hasta las estribaciones de la montaña de La Concha.

Sin mucho que hacer, nos entretuvimos mirando los escaparates de las tiendas de lujo. Después de tomarnos una cerveza en uno de los bares que estaba abierto, emprendimos el viaje de regreso a Málaga. Al llegar, como no teníamos mucho tiempo, hicimos un breve recorrido por los principales puntos de interés de la ciudad. Así, nos dirigimos hacia la Plaza de la Marina, a pocas cuadras del puerto donde estaba atracado nuestro crucero. De ahí pasamos a la Catedral, que como nunca fue terminada (solo concluyeron una de sus dos torres) le llaman «La Manquita». Frente a la entrada principal de la Catedral se encuentra, con su magnífica fachada, el Palacio Episcopal, usado ahora para exhibiciones de arte. También, aunque no entramos, desde el ómnibus pudimos ver el Museo Picasso, donde se encuentran exhibidas las obras que el genial malagueño guardó para sí mismo y para su familia. Entre esas obras se encuentra *Paulo con gorro blanco*, un retrato de su primer hijo, pintado a principios de los años veinte.

Del Museo Picasso, nuestro guía nos pasó cerca del Alcazaba, una de las más famosas edificaciones árabes de la ciudad. Esta fortaleza fue construida en el siglo VIII, cuando Málaga era uno de los principales puertos del reino moro. Hacia 1487, cuando los Reyes Católicos, Isabel y Fernando, ocuparon Málaga, vivieron allí durante parte de su reinado. Pudimos haber visitado otros lugares, como la fortificación de Gibraltar, construida por los moros en el siglo XIV sobre la cima de una colina y que hoy, convertida en un hermoso Parador, es uno de los lugares más visitados de la ciudad. Pero el Costa Mediterránea estaba a punto de zarpar y sabíamos que no esperaría por nosotros. Esa tarde, desde el balcón de nuestro camarote, le dijimos adiós a Málaga. Mientras el sol se ponía en el horizonte, la silueta de la costa se fue desdibujando en la distancia.

ARCOS DE LA FRONTERA

La joya de la corona

Resplandeciendo en las cimas de los picos donde se hayan enclavados, semejan un brazalete geográfico de espectacular blancura. Son los llamados «pueblos blancos» de Andalucía y se extienden desde Jerez de la Frontera hasta Ronda. Como hubiese sido imposible visitarlos todos (hay más de una docena), decidimos comenzar por Arcos de la Frontera, considerado por muchos la joya de la corona. Así fue que salimos de Sevilla a través de la carretera A-382, que enlaza ambas ciudades. En menos de dos horas ya estábamos entrando por la Avenida Mancheño, que es la que conduce a la parte baja del pueblo. Desde allí, después de consultar un mapa, subimos por la calle Corredera hasta llegar a nuestro hotel, el Parador de Arcos, ubicado en la Plaza del Cabildo, justo en la cumbre de una peña rocosa que se alza en la margen derecha del río Guadalete. La subida no fue fácil (la calle era estrecha, sinuosa y de una sola vía), pero valió la pena. Las vistas, tanto desde el mirador de la Plaza, como desde nuestra habitación, eran espectaculares.

    Arcos de la Frontera es un municipio de la provincia de Cádiz, uno de los más poblados de la comarca y también el más extenso. En la época musulmana fue capital de la Taifa (uno de los reinos independientes surgidos tras la caída del Califato de Córdoba) y del Ducado de Arcos, algún tiempo después, cuando fue reconquistado. También fue lugar de asentamiento de romanos y visigodos, y posee uno de los cascos antiguos más bellos de España. Como es pequeño, a pesar de sus laberínticas callejuelas, es fácil de recorrer. En realidad, en Arcos de la Frontera no hay mucho que hacer; a no ser que uno sea amante de los deportes acuáticos (numerosos turistas nacionales los practican en el Lago de la Molinera), de la caza o la equitación, lo mejor que se puede hacer es admirar su sorprendente belleza natural, visitar sus iglesias y plazas y caminar sin rumbo por sus estrechas callecitas, que fue precisamente lo que hicimos nosotros.

    En la misma Plaza del Cabildo, donde alguna vez se celebraron corridas de toros, comenzamos nuestro recorrido. Desde nuestro hotel podíamos ver las torres del Castillo de Arcos y pensamos que esa podría ser nuestra primera parada. Construido en el siglo XI por los moros, fue residencia de los reyes de Taifa hasta que en 1264 fue ocupado por Alfonso X el Sabio. Nos interesaba visitarlo porque habíamos leído que en una de sus salas, los Reyes Católicos, Isabel y Fernando, elaboraron algunos de los más importantes planes para la reconquista y porque fue ahí donde recibieron la rendición del Reino Taifa de Marbella. Nos interesaba visitarlo también por la cantidad de leyendas medievales que se asocian a sus murallas y pasadizos, como la que se refiere a la manera en que las tropas de Alfonso X, durante el asedio de Arcos, encontraron un conducto secreto que conectaba el Castillo con el río Guadalete y pudieron, al fin, entrar a él. Algo que no pudimos hacer nosotros porque el Castillo, en la actualidad, es una propiedad privada. Tuvimos que conformarnos con ver, desde lejos, sus torres: la del Homenaje y la del Secreto.

    Decidimos entonces visitar la Iglesia de Santa María de la Asunción, que también está situada en la Plaza, a un costado del Ayuntamiento. Al igual que muchas de las iglesias en España, Santa María de la Asunción también fue construida sobre una antigua mezquita. Por sus numerosas reconstrucciones, su arquitectura es descrita como una mezcla de mudéjar, gótico, plateresco, renacentista y barroco. La verdad es que, comparada con otras basílicas españolas, su exterior no impresiona. Aun así decidimos entrar. En su Altar Mayor puede verse, en lo alto del retablo y justo en su centro, la imagen del Padre Eterno y, a los lados, escenas de la vida de Jesús y María. También impresiona su coro, considerado uno de los mejores de Andalucía, con toda su sillería tallada en caoba y cedro, así como el órgano que se halla a un costado del Evangelio, con una tubería exterior exuberante que, según se dice, es de una gran perfección sonora. Pero lo realmente impresionante son sus elaborados retablos, como los de las Ánimas, Santa Teresa, San José y el de San Félix, un verdadero relicario en el que se guarda el cuerpo incorrupto del Santo.

Al salir de la iglesia, doblamos en la calle Escribanos hasta llegar a la Plaza Boticas, donde se encuentra el Convento de las Mercedarias Descalzas, el único convento de clausura que queda en Arcos. Desde luego, no se puede entrar; pero permiten pasar a un pequeño vestíbulo donde se compran galletitas que las monjas venden para recaudar fondos. Hay que tocar un timbre y, a través de una especie de torno, las monjas (que no se ven) hacen llegar los paquetes de galletitas (cinco euros cada uno) a los visitantes. Del convento salimos hacia la Iglesia de San Pedro, la segunda en importancia después de haber perdido una larga batalla con la de Santa María por el reconocimiento papal. Fue una disputa tan enconada que sus feligreses llegaron a cambiar el texto de sus rezos y en lugar de decir, «Santa María, madre de Dios, ruega por nosotros los pecadores», decía, «San Pedro, madre de Dios...» La iglesia fue construida (su estilo es una mezcla de gótico con detalles barrocos) en el siglo XVI al borde de un precipicio. Tiene una sola nave con seis capillas adosadas a los lados, siendo las más elaboradas las llamadas Del Perdón y Del Sagrario, ambas con retablos de gran calidad. Su coro, al igual que el de Santa María, dispone de una valiosa sillería realizada en caoba, cedro y ébano, con relieves que representan escenas de la pasión de Cristo.

El resto de la tarde, protegidos por la amable sombra de sus casas, estuvimos recorriendo sus callejuelas y curioseando en sus pequeñas tiendas y galerías de arte, hasta que regresamos al hotel. Esa noche pensábamos volver al casco viejo y cenar en alguno de los restaurantes que habíamos visto durante nuestro recorrido de la tarde. Sin embargo, a última hora –tal vez porque estábamos cansados– decidimos hacerlo en el restaurante del hotel. Lo cual fue una decisión acertada, pues la cena resultó ser una experiencia gastronómica de primer orden. Y es que los restaurantes de la cadena de hoteles Parador se especializan en las cocinas regionales de toda España. En este caso, la gaditana. Por lo que comenzamos con un gazpacho y una ración de pescaditos fritos, para después ordenar corvina a la roteña (que no es más que un filete de *sea bass* con una salsa a base de pimientos rojos) y rabo de toro, una receta de la que quizás haya derivado nuestro criollo «rabo encendido». Lo acompañamos todo con una botella de vino tinto Taberner y terminamos con un café.

    Antes de irnos a dormir salimos a la terraza del restaurante. En el silencio de la noche se podía escuchar el sordo rumor de las aguas del río Guadalete corriendo en el fondo del acantilado. A lo lejos, el perfil de la serranía resplandecía tenuemente bajo la luz de la luna. Todo era quietud. No pudimos escoger un mejor momento para despedirnos de Arcos de la Frontera, la joya de la corona de los pueblos blancos de Andalucía.

JEREZ DE LA FRONTERA

Una perla andaluza

Jerez de la Frontera, con una población de casi doscientos mil habitantes, es una ciudad de la provincia de Cádiz, en la comunidad autónoma de Andalucía, situada al sur de la península ibérica entre el Océano Atlántico y el Estrecho de Gibraltar. Es uno de los núcleos urbanos más poblados y de mayor extensión de toda la provincia. Sin embargo, en comparación con otras ciudades andaluzas como Sevilla, Granada y Córdoba, tiene una menor importancia turística. La mayoría de los operadores de *tours* en España incluyen a Jerez (con «de la Frontera» omitida, que es como se le conoce) en sus itinerarios; pero solo como una parada intermedia para almorzar y de paso visitar la famosa Real Escuela Andaluza del Arte Ecuestre, las bodegas de González-Byass y la Plaza del Arenal, en el centro del casco viejo. Y eso fue precisamente lo que hicimos nosotros en nuestra más reciente visita a España. Es decir, fuimos a ver el *show* ecuestre en la Escuela Andaluza, visitamos las bodegas de González-Byass donde probamos sus famosos Finos, tapeamos en la Plaza del Arenal y caminamos sin rumbo por el tramo peatonal de la emblemática calle Larga en el casco histórico de Jerez.

Veníamos manejando desde Arcos de la Frontera y entramos a Jerez por la Autopista A-382, un poco después de las diez de la mañana. Nuestra primera parada sería en la Real Escuela Andaluza del Arte Ecuestre, pues los boletos de entrada (que habíamos comprado con antelación desde Miami) eran para el *show* de las doce del día. Como llegamos con tiempo suficiente (aunque nos perdimos un par de veces antes de encontrar el lugar) pudimos recorrer sus jardines y los establos. La Escuela fue fundada por Álvaro Domecq en 1973 y depende de la Consejería de Turismo de la Junta de Andalucía. El rey Juan Carlos I es su presidente (eso le confiere el título de «Real Escuela» que ostenta en su nombre) desde 1987. Sus instalaciones están formadas por el Palacio Duque de Abrantes, el Museo de Arte Ecuestre, las aulas de formación de los jinetes y el picadero cubierto, donde se realizan las exhibiciones. El espectáculo más conocido, que fue al que asistimos nosotros, se llama «Cómo bailan los caballos andaluces», y se realiza con caballos y jinetes vestidos con indumentaria del siglo XVIII, al son de la música interpretada por Luis Cobos y Manolo Carrasco.

Cuando salimos del *show* ya eran casi las dos de la tarde. Nuestra segunda parada sería en las bodegas de González-Byass, para las que también habíamos comprado boletos (allí comprobamos que no hace falta adquirirlos con tanta anticipación) desde Miami, pero con un horario de entrada que nos permitiera almorzar primero. Y lo hicimos en un pequeño Bar-Restaurante con mesitas al aire libre y música flamenca en vivo, situado en una de las esquinas de la Plaza del Arenal, una de las más antiguas de la ciudad (en ella, engalanada para la ocasión, fueron recibidos los Reyes Católicos, Felipe V, Carlos III e Isabel II), rodeada de árboles y con el monumento a caballo de Miguel Primo de Rivera, en su centro. En realidad, no fue un almuerzo, pues solo ordenamos tapas y unas cervezas. Cuando terminamos, como todavía teníamos tiempo, le dimos la vuelta a la Plaza y salimos hacia la calle Larga, una tradicional y concurrida vía comercial (comienza en el Gallo Azul y termina en la Rotonda de los Casinos), llena de tiendas, cafeterías y restaurantes, así como de músicos callejeros y vendedores ambulantes.

Las bodegas de González-Byass, fundadas en 1835 por Manuel María González y su socio inglés Robert Blake Byass, están situadas a un costado del Alcázar, muy cerca de la Plaza del Arenal, por lo que dejamos el auto donde lo habíamos estacionado y fuimos caminando. Nuestro *tour* estaba a punto de comenzar cuando llegamos, así que no tuvimos que esperar mucho tiempo para subir al pequeño tren que recorre las instalaciones entre viñedos ficticios y calles repletas de geranios rojos. La primera parada es en la Real Bodega de la Concha, un pabellón circular (diseñado por Gustav Eiffel) donde se encuentran almacenados cientos de barriles grabados con los escudos de los distintos países que importan el famoso sherry Tío Pepe, cuyo logo (una botella con sombrero cordobés) es conocido en el mundo entero. En otro de los edificios, el guía explica cómo se hace el sherry (llamado jerez en español) en todas sus especialidades: el fino, la manzanilla, el amontillado, el oloroso, y el moscatel. La tercera parada es en el edificio de Los Reyes, un almacén donde pueden verse grandes barriles firmados por personajes famosos y grandes dignatarios que han visitado las bodegas, entre ellos Lady Thatcher, Orson Welles, Steven Spielberg y Mario Vargas Llosa. En el edificio de La Constancia pueden verse (al menos, sus fotos) los famosos «ratones catadores» subiendo por una pequeña escalerilla y bebiendo en unas copas típicas de jerez. Al terminar el recorrido se pasa a un salón de degustación de vinos en el que también hay tapas para picar, desde el cual se puede acceder a la tienda (¿por qué será que siempre están al final de los *tours*?) por si alguien quiere adquirir algunos de los sherrys que están a la venta. Esta tienda está tan bien montada que terminamos comprando dos botellas de Croft Sherry Original, uno de los finos que habíamos probado durante la degustación.

Al salir, cuando regresábamos a la Plaza del Arenal para recoger el auto, pasamos frente a la Catedral (que se alza sobre los restos de la primitiva Mezquita Mayor) y el Alcázar (que en el Jerez musulmán se usaba como fortaleza-palacio), ambas a un costado de las bodegas, pero no entramos porque no queríamos que nos cogiera la noche en el viaje de regreso. Así que volvimos a tomar la autopista A-382 y llegamos a Arcos de la Frontera al anochecer. Al otro día, temprano en la mañana, emprenderíamos la ruta de los pueblos blancos: Andalucía esperaba por nosotros.

RONDA

Legendaria y romántica

Cuando en nuestro más reciente viaje a España decidimos incluir a Ronda en el recorrido, lo primero que me vino a la mente fue el nombre de Sara Montiel. De repente, mientras consultábamos los mapas de la región, recordé su película *Carmen la de Ronda*, filmada en 1959 y cuya trama, una adaptación libre de la novela de Próspero Mérimée, se desarrollaba en esa ciudad. Fue una asociación de ideas instantánea. Sin embargo, enseguida descubrí que todo no era más que una trampa que la memoria me tendía. Y es que, aunque me esforcé, no pude recordar nada de la famosa película; solo el nombre. Ni aun cuando volví a verla pude rememorar sus visualmente hermosos paisajes que eran, por la inminencia de mi visita, lo que realmente me interesaba. Era como si nunca los hubiese visto. No reconocí ninguno de los que aparecían en las distintas escenas del famoso filme. De cualquier manera, no importó. Un mes más tarde estaríamos frente a ellos cuando, viniendo desde Arcos de la Frontera por la Autopista 339, llegamos a la ciudad de Ronda.

Entramos por la calle Jerez, que es la que sale directamente a la Plaza de España, justo donde se encontraba nuestro hotel, el Parador de Ronda. Llovía ligeramente cuando llegamos, pero en cuanto escampó salimos a recorrer la ciudad. El primer lugar que visitamos fue la Plaza de Toros, una de las más antiguas de España, que se inauguró en 1785 con una corrida en la que actúo el rondeño Pedro Romero, cumbre de la tauromaquia y nieto de Francisco, el patriarca de la familia, al cual se le atribuyen importantes aportes a ese arte, como la lidia a pie y el uso de la muleta, el estoque y la capa escarlata. En la entrada principal de la plaza, a ambos lados de la puerta, pueden verse las estatuas de dos toreros. Pensamos que serían las de algunos de los famosos diestros Romero. Sin embargo, al acercarnos a ellas para tomarles algunas fotos, comprobamos que las estatuas eran las de Cayetano y Antonio Ordóñez, otros dos toreros legendarios de Ronda, pero que alcanzaron la fama en fechas más recientes.

En los alrededores de la Plaza de Toros está el Paseo de Blas Infante y el Mirador de los Reyes Católicos, desde donde puede verse el impresionante Puente Nuevo, que se extiende (fue construido a finales del siglo XVIII) sobre un barranco de cien metros de profundidad llamado El Tajo de Ronda y que une los barrios del Mercadillo (fundado en 1485 después de la reconquista cristiana) y la llamada «Ciudad», que data de la época árabe. Hay otros puentes, como el Puente Viejo y el Puente Árabe, que también unen los dos barrios en otros puntos del río Guadalevín. Como estábamos en la zona del Mercadillo, lo que hicimos fue aprovechar lo que quedaba de la tarde para recorrer algunas de sus plazas, como la del Socorro (con su hermosa fuente), y la de la Merced (en cuya iglesia se destaca el relicario de plata dorada que contiene la mano incorrupta de Santa Teresa de Jesús), así como la calle peatonal de Carrera Espinal, repleta de tiendas, dulcerías y restaurantes, a donde fuimos a cenar esa noche para probar algunos de los platos famosos de Ronda, como las calabazas a la rondeña, gazpacho a la serrana y la caldereta de cordero.

Al otro día, después de desayunar en el hotel, salimos hacia la «Ciudad». Y lo hicimos cruzando el Puente Nuevo (el mismo que habíamos visto desde el Mirador de los Reyes Católicos), que está justo al lado del Parador y es uno de los más importantes puntos de interés turístico de Ronda. En cuanto cruzamos el puente nos dirigimos a la Iglesia Santa María la Mayor, una edificación del siglo XV, situada en una bonita plaza repleta de naranjos, y en la que todavía es posible ver, en su campanario, restos de lo que fue el minarete de la antigua mezquita de Ronda. En esa misma plaza, está también el Ayuntamiento de Ronda. De ahí salimos hacia el Palacio de Mondragón, un hermoso edificio de estilo árabe donde se dice que residió el gran rey moro Abel Malik, hijo del sultán de Marruecos, y que hoy alberga el Museo Arqueológico de la ciudad. Por un momento pensamos no entrar; no teníamos mucho tiempo y lo menos que queríamos era estar dos o tres horas recorriendo un museo prehistórico. Pero, ya que estábamos allí, decidimos comprar el billete de entrada. Fue una buena idea. Y es que no solo pudimos disfrutar del museo (que es pequeño pero muy bien montado), sino de sus hermosos patios y jardines, a los que se accede a través de primorosos arcos labrados en mármol con detalles en ladrillos rojos.

No lejos de allí, en la calle Armiñán, que recorre casi todo el casco histórico y es por la que se sale de la ciudad hacia la Costa del Sol, está el Museo de los Bandidos, otro de los lugares que queríamos visitar. Los legendarios bandidos de Ronda, inmortalizados tanto en la literatura como en el cine, son una parte importante del folklore andaluz. Para algunos, eran unos Robin Hood que robaban a los ricos para dárselo a los pobres; para otros, eran simple forajidos que, huyendo de la justicia, merodeaban las Serranías de Ronda asaltando diligencias. Como quiera que haya sido, lo cierto es que su leyenda trascendió hasta nuestros días y sus historias –entre hazañas y tropelías– están recogidas gráficamente en este pequeño museo. Aquí están todos, desde los primeros (José María Hinojosa, «el Tempranillo», quizás el más famoso de ellos, quien dijo en una ocasión: «El rey manda en España y yo mando en la Sierra»; y Joaquín Camargo, «el Vivillo»), hasta los últimos, Flores Arocha y Juan Mingolla Gallardo, «el Pasos Largos», abatido por la Guardia Civil un 8 de marzo de 1934 en una de las cuevas que usaba como escondite.

Antes de regresar al hotel visitamos también el Museo de Joaquín Peinado, un pintor nativo de Ronda y famoso por sus cuadros de Don Quijote y Sancho Panza, y por último, la Casa del Rey Moro y sus jardines, así como el palacio del Marqués de Salvatierra, desde donde regresamos al Puente Nuevo y volvimos a ver las escarpadas laderas del Tajo de Ronda. El sol comenzaba a ponerse y, a lo lejos, la Sierra de las Nieves y la de Grazalema se desdibujaban en la distancia. Frente a nosotros, se abría la Plaza de España. Fue entonces que supe que la memoria, después de todo, no me había tendido trampas. Allí, en los agrestes parajes que nos rodeaban, y también en su antigua arquitectura, estaba la esencia fílmica de *Carmen la de Ronda*. Y volví a ver al guerrillero Antonio Vargas Heredia, interpretado en la película por Jorge Mistral, bajando de las montañas con su fusil en bandolera. Y volví a ver a la gitana Carmen, personificada por Sarita Montiel, cantando *Los piconeros* en el centro de la Plaza.

JAÉN

Entre montañas, llanos y olivares

Para la mayoría de las personas, Jaén es simplemente Jaén, una ciudad española de la comunidad autónoma de Andalucía de poco más de cien mil habitantes que se encuentra situada al pie del cerro de Santa Catalina. Pero hay quienes prefieren referirse a ella como la «Muy Noble y Muy Leal Ciudad de Jaén, Guarda y Defendimiento de los Reynos de Castilla», que es la divisa que se lee en la cinta de plata que rodea su escudo y que se remonta a su reconquista en 1246 por Fernando III. Para otros no es una ciudad, sino el «Santo Reino de Jaén», quizás por la reliquia del Santo Rostro que se venera en la capilla mayor de su Catedral. Los menos, con un sentido más moderno y comercial, la llaman la «Capital mundial del aceite de oliva», por ser su producción la actividad económica más importante de la provincia.

Sin embargo, para mi esposa y para mí, que en el momento que preparábamos nuestro más reciente viaje a España no sabíamos que se le podía llamar de tantas maneras, Jaén era solo una ciudad convenientemente situada entre Sevilla, Granada y Córdoba, tres de las ciudades andaluzas que queríamos visitar en esa ocasión. Y fue por eso, por su estratégica localización, que la incluimos en el itinerario. Sabíamos que no tenía la importancia turística de las otras (Sevilla y su Giralda; Córdoba con la Mezquita; y en Granada, la Alhambra), pero aun así no nos defraudó. Y es que Jaén tiene su propio encanto: no solo es una ciudad antigua con numerosos monumentos históricos, sino también una moderna urbe con hermosos parques y luminosas avenidas.

Lo primero que hicimos al llegar fue visitar la parte antigua, comenzando precisamente por el lugar donde estábamos hospedados, el Parador Nacional de Turismo de Jaén, que se encuentra ubicado en el Castillo de Santa Clara, un impresionante recinto amurallado casi triangular, enclavado en lo alto de una montaña y que es llamado así porque, según la leyenda, Santa Catalina de Alejandría se apareció en sueños al rey Fernando III cuando este intentaba reconquistar la ciudad. Con el tiempo, la fisonomía de esta fortificación fue cambiando; aun así es posible advertir en los restos de sus murallas y en sus seis torres defensivas, las diferentes etapas de su historia. En primer lugar, la de la época islámica, cuando se refuerza el sistema defensivo ibero-romano con la construcción de un Alcázar en la cumbre y una alcazaba en la ladera norte del cerro. Después está la etapa de la conquista castellana, cuando en 1246 el rey árabe Al-hamar entrega la ciudad al monarca cristiano Fernando III, quien de inmediato comienza la construcción de un nuevo Alcázar. Y por último, el período de la ocupación francesa, cuando en 1810 las tropas de Napoleón se instalaron en la fortaleza y realizaron algunos cambios, como convertir el aljibe en un polvorín y construir una caballeriza. Hoy día, además de albergar el hotel, el Castillo de Santa Clara es un museo interactivo en el cual el visitante puede, no solo conocer la historia del castillo, sino también la de la ciudad.

Después de recorrer todas las instalaciones de la fortaleza, fuimos caminando a través de un estrecho sendero de piedra hasta la llamada Cruz del Castillo, mandada a colocar en el punto más elevado del cerro como símbolo de la conquista cristiana. Se dice que esta monumental cruz es un recordatorio de la que en ese mismo lugar, aunque más pequeña y de madera, ordenó levantar Fernando III tras reconquistar la fortaleza. Desde el mirador que rodea la cruz puede verse, no solo toda la ciudad de Jaén y sus extensos olivares, sino también las montañas de la sierra de Jabaleuz y el llano del río Guadalbullón, que corre muy cerca de allí.

Cuando nos cansamos de admirar los paisajes que rodean el mirador de la Cruz del Castillo, regresamos (es un decir, pues está en la misma fortaleza) al hotel. Habíamos pensado bajar a la ciudad para aprovechar lo que quedaba de la tarde, pero decidimos dejarlo para el día siguiente. En primer lugar, porque como el Parador está en lo alto del cerro tendríamos que bajar en nuestro auto (y encontrar donde estacionar cerca del casco antiguo) o llamar un taxi. Y en segundo lugar, porque estábamos cansados y el menú del restaurante del hotel, con su extensa selección de platos andaluces y manchegos (bacalao a la yema, pastel de ciervo con salsa agridulce, ensalada de perdiz y pastel de manzana), nos invitaba a quedarnos. Y estuvimos acertados en hacerlo: la cena terminó siendo una experiencia realmente inolvidable.

Al otro día, después de desayunar (en casi todos los Paradores de España el desayuno está incluido), llamamos un taxi y bajamos a la ciudad. Le pedimos al conductor que nos dejara en la Plaza de Santa María, que es donde se encuentra la Catedral de Jaén, justo frente al Palacio Municipal. La catedral actual fue concebida en el siglo XVI para sustituir al anterior templo gótico del siglo XV, y fue diseñada por Andrés de Vandelvira, uno de los más prominentes arquitectos del renacimiento español. Su construcción comenzó en 1570 y no fue completada hasta 1802, por lo que es posible advertir diferentes estilos arquitectónicos. En su interior pudimos admirar la belleza artística de la Sacristía, la Sala Capitular, el Coro, el Presbiterio y la Capilla Mayor, que alberga la famosa reliquia del Santo Rostro, llamada también «La Verónica» (se expone al público todos los viernes), considerada el auténtico rostro de Jesucristo, que habría quedado plasmado en el lienzo con el que la Verónica le secó la cara durante su pasión.

De la catedral salimos hacia el Paseo de la Estación, una de las avenidas más importantes de Jaén. En el camino, pasamos frente al Palacio Episcopal, el Torreón de los Condes de Torralba, el Monasterio de Santa Teresa y la Diputación Provincial. El Paseo de la Estación comienza en la Plaza de la Constitución y termina en la Plaza por la Paz. Entre una y otra se encuentra la de las Batallas, en cuyo centro se levanta el monumento a la Victoria, que conmemora el combate de Navas de Tolosa, donde las tropas de Castilla, Navarra y Aragón, vencieron en 1212 al califa An-Nasir y que significó el principio del fin de la presencia musulmana en la península ibérica. Esta estatua también recuerda la batalla de Bailén, que se libró durante la Guerra de la Independencia Española y donde el general español Francisco Castaño venció al general francés Pierre Dupont, en lo que fue la primera derrota campal del ejército francés.

De la Plaza de las Batallas salimos en busca de los baños árabes, otro de los puntos de interés de Jaén. Estos baños fueron construidos en época de Abderrahman II y sus salas representan una importante muestra del arte almohade y almorávide. Al salir, almorzamos en uno de los pocos restaurantes que estaba abierto en la zona y después emprendimos el camino de regreso a la Plaza de Santa María. Allí tomamos un taxi que nos llevó de vuelta al hotel. Esa noche, después de la cena, caminamos un poco por la explanada que rodea el castillo. Desde lo alto, bajo la noche estrellada, la ciudad de Jaén resplandecía en la distancia.

CARMONA

Historia y bellezas naturales

Carmona, con apenas 30,000 habitantes y una extensión de poco menos de 1,000 kilómetros cuadrados, es un pequeño pueblo español situado en la provincia de Sevilla que se alza en Los Alcores, una elevación en forma de meseta inclinada que alcanza una altura de más de 200 metros y desde la cual puede verse, en toda su belleza natural, la Vega del Río Corbones. Aunque Carmona no tiene la importancia turística de otras ciudades andaluzas, se destaca por las huellas de las diferentes culturas que la han poblado a lo largo de su historia. En la antigüedad, por su posición geográfica (desde su cima podían controlarse las principales vías de comunicación del Valle del Guadalquivir), fue uno de los enclaves poblacionales más importantes de la zona. Fueron los cartagineses quienes levantaron una muralla a su alrededor que la convirtió en una de las ciudades mejor defendidas de la época. En la actualidad, detrás de esa muralla (o lo que queda de ella) se encuentra lo que se conoce como el «casco viejo», en el que se pueden ver numerosos lugares de interés histórico que datan de la época romana y árabe.

Sin embargo, a pesar de sus alcázares, iglesias y conventos, lo más probable es que no habríamos incluido a Carmona en nuestro más reciente viaje a España, sino hubiese sido por su cercanía (unos 30 kilómetros) a Sevilla. Y es que cuando estábamos planeando el recorrido nos dimos cuenta que saliendo de Jaén, última de las ciudades andaluzas que visitaríamos, no llegaríamos a tiempo a la terminal de San Justa, en Sevilla, donde debíamos tomar un tren hacia Madrid. Fue por eso que cambiamos las fechas y las horas de los boletos y agregamos un día más en el itinerario para que, en lugar de salir corriendo de Jaén al amanecer, poder hacerlo desde Carmona con más calma. El cambio resultó un éxito pues no solo llegamos a Sevilla, sin apuros y a tiempo para tomar el AVE hacia Madrid, sino que también pudimos visitar Carmona, un lugar lleno de historia y también de hermosos escenarios.

Carmona es pequeña y a sus principales lugares de interés se puede llegar caminando. Salimos de nuestro hotel, el Parador de Carmona, situado en el antiguo Alcázar del Rey Don Pedro, y fuimos bajando (el Parador está en lo alto de la meseta) por una calle que bordeaba un acantilado, hasta llegar a otro alcázar, el llamado Puerta de Sevilla, situado en la Plaza de Blas Infante y donde se halla el Centro de Recepción Turística. En este histórico edificio pueden verse sus dos torres defensivas, la del Homenaje y la del Oro, así como el Patio de los Aljibes. Al otro lado de la plaza, se levanta la Iglesia de San Pedro, que data del siglo XV y que se destaca por su torre construida a semejanza de la Giralda de Sevilla, por lo cual se conoce como «La Giraldilla».

Desde allí volvimos a entrar en el «casco antiguo» y subimos por toda la calle Prim hasta llegar a la Plaza de San Fernando, situada donde alguna vez estuvo un foro romano y rodeada de árboles y edificios estilo mudéjar y decorados con azulejos de cuenca, entre los que se encuentra el antiguo Ayuntamiento. A solo dos cuadras hay otra plaza, la del Mercado, construida en 1842 en los terrenos de lo que fuera un convento de dominicas y en cuyos portales hay, al igual que en otras plazas españolas, distintos puestos comerciales. Al salir, tomamos la calle De la Haza y llegamos al lugar donde se levanta la Iglesia del Divino Salvador, cuya construcción, a cargo del arquitecto Pedro Romero el Viejo, data de 1700. La iglesia está diseñada según una planta de cruz latina con tres naves, crucero y cabeza plana, con tribunas y bóvedas de arista. Sobre el crucero se eleva una majestuosa cúpula en la que trabajó Pedro Romero el Joven, hijo del primer arquitecto.

Antes de regresar al hotel seguimos caminando por las estrechas calles de Carmona con las fachadas de sus casas pintadas de blanco y descubriendo, en cada una de sus callejuelas, nuevos lugares de interés, como la Iglesia de San Bartolomé, que data del siglo XV y con un bello interior en el que se destaca el retablo mayor; el Convento de Santa Clara, uno de los más antiguos de la ciudad, en el que vive una comunidad de religiosas Clarisas; y la Puerta de Córdoba, situada en la parte más alta de Carmona, al otro extremo de la de Sevilla, justo en el punto exterior del Decumanus, la avenida que los romanos solían extender de este a oeste en sus campamentos. Al llegar a ella (es la única puerta romana de tres arcos que existe en España) el sol comenzaba a ponerse en el horizonte. Era una vista impresionante. A lo lejos, la vega del Río Corbones era un extendido mural de múltiples y cambiantes tonos dorados que nos dejó sin aliento. Fue así, deslumbrados por la belleza de sus vistas, como nos despedimos de Andalucía, mágica región de nuestra madre patria.

SANTO DOMINGO DE LA CALZADA

Catedrales y monasterios

Llegamos a Santo Domingo de la Calzada bajo una ligera llovizna que había comenzado al salir de Madrid y que nos acompañó durante casi todo el trayecto. Bajo esa misma lluvia, los peregrinos que hacían el Camino de Santiago avanzaban trabajosamente por el borde de las carreteras. Los habíamos comenzado a ver desde que dejamos la Autopista E05 a la altura de Burgos y tomamos una de las vías de la Red del Estado. Era evidente que se dirigían, como nosotros, a Santo Domingo. Y es que Santo Domingo de la Calzada ha sido, desde el Siglo XI, una parada importante del Camino de Santiago en la provincia de La Rioja. Fue su fundador, Domingo García, ermitaño primero, sacerdote después y Santo por último, quien construyó un puente sobre el río Oja y una nueva calzada de piedra entre Najera y Redecilla para hacer más fácil la ruta hacia Santiago de Compostela. Algún tiempo después, construiría un albergue y un hospital para atender a los peregrinos que paraban en el pueblo. También construiría la iglesia (consagrada posteriormente como Catedral) en la que finalmente reposarían sus restos.

Eran casi las seis de la tarde cuando dejamos las maletas en el hotel. No era mucho lo que podíamos hacer a esa hora. No solo porque ya se hacía de noche, sino también porque seguía lloviendo. Lo que sí hicimos fue comprar boletos para una visita nocturna (que incluía un show de rayos láseres en el retablo del Altar Mayor) a la Catedral. Y aunque nos pareció extraño (nunca habíamos sabido que existieran esos *tours* nocturnos), lo cierto es que la experiencia resultó extraordinaria. Enriquecidos por la luminosidad de los láseres, los detalles del retablo resplandecían en la oscuridad. Asentadas sobre un zócalo de alabastro con escenas de la vida de Santo Domingo, las franjas principales (que se conocen como «calles») representaban distintos temas de la Pasión, como la Flagelación, Cristo camino del Calvario y la Piedad, así como otros de la Anunciación, la Adoración, la Presentación del Niño, la Resurrección y el Pentecostés. Y mientras las luces de colores pasaban de una escena bíblica a la otra, nuestra guía lo iba explicando todo.

Al terminar el *show* de luces, fue que realmente comenzó la visita de la Catedral. La primera parada fue frente al Mausoleo con Cripta, donde en un sepulcro relicario yacen los restos de Santo Domingo. Justo al lado del Mausoleo está el famoso gallinero de piedra labrada en el que puede verse un gallo y una gallina vivos (los cambian cada quince días), de color blanco, como recuerdo perpetuo del milagro del peregrino injustamente ahorcado y conocido como el de «la gallina que cantó después de asada». A un costado del gallinero está la Cabecera Románica, compuesta por el presbiterio, la girola que lo rodea y los capiteles dedicados al Salvador y a Santa María. En el recorrido final, nuestra guía nos enseñó las diez capillas de la Catedral, comenzando por la de San Bartolomé y terminando con la de la Dolorosa. Al salir, lo hicimos por la Puerta Sur que da a la Plaza del Santo, donde está la Torre de la Catedral, separada del edificio principal, y que a esa hora estaba completamente iluminada. La lluvia había cesado, pero su silueta se reflejaba, resplandeciente, sobre los charcos de agua que se habían formado en el adoquinado de la desierta plaza. Una sensación de paz se había apoderado de todo el ámbito. Junto con el resto del grupo, caminamos en silencio hasta el hotel.

Al otro día salimos —otra vez bajo una leve llovizna— hacia los Monasterios de Suso y Yuso, situados en el pueblo de San Millán de la Collera, justo en el Valle del río Cárdenas, no lejos de allí. El Monasterio del Suso, que fue el primero que visitamos, está en lo alto (Suso del latín sursum significa «arriba») de una montaña y surgió de las cuevas que habitaron los ermitaños discípulos de San Millán, quien vivió recluido aquí hasta su muerte, allá por el siglo VI. La importancia del Monasterio del Suso es más cultural que religiosa. Fue aquí donde surgió la que es hoy la más antigua manifestación escrita de la Lengua Española. Su colección de manuscritos y códices, entre los que se encuentran el Código Emilianense (992) y la Biblia de Quiso (664), son los más notables de la Edad Media española.

Cuando salimos de la visita al Suso ya no llovía. El ómnibus del *tour* (no dejan subir autos) nos dejó en la puerta del Yuso, para el que ya habíamos comprado los boletos de entrada. El Monasterio del Yuso fue construido, según la leyenda, cuando el rey de Nájera ordenó el traslado de los restos de San Millán al monasterio de Santa María la Real y los bueyes que tiraban de la carreta se detuvieron en el valle y nadie pudo lograr que se movieran de allí, lo que fue interpretado como si los restos del Santo no quisieran abandonar el lugar. La visita guiada comienza en el Salón de los Reyes (llamado así por los cuatro reyes que auspiciaron el monasterio), sigue hacia el claustro superior donde hay más de veinte cuadros de Espinosa y Vexes con escenas de la vida de San Millán. El recorrido termina en la parte donde está la iglesia, la sacristía y el Cantoral, donde se atesoran valiosos volúmenes copiados entre 1729 y 1731.

Antes de regresar a Santo Domingo, visitamos la ciudad de Logroño, capital de La Rioja. Y aunque llegamos a una hora en que casi todo estaba cerrado, paseamos un poco por la Plaza del Mercado, caminamos por la famosa calle Portales y vimos, aunque no pudimos entrar, la Catedral de Santa María de la Redonda. Desde allí seguimos caminando y llegamos a la Fuente de la Gran Vía, donde al fin encontramos un restaurante abierto y pudimos almorzar. Salimos de Logroño casi a las cuatro de la tarde, con tiempo suficiente para llegar a Santo Domingo antes de que oscureciese. Y así fue. En realidad, lo que nos quedaba por ver no era mucho. El casco viejo de Santo

Domingo es pequeño, apenas tres calles que corren paralelas entre la Plazas de España, la del Santo y la de la Alameda, rodeadas en algunas partes por restos de una muralla medieval. Esa noche cenamos en un pequeño restaurante a solo unas puertas del albergue para peregrinos fundado por Santo Domingo, justo en la calle donde una flecha en la pared señala el Camino de Santiago. Por esa misma calle saldríamos al día siguiente, no hacia Santiago, sino hacia Cangas de Onís, en Asturias, donde el rey Pelayo comenzó la Reconquista de España. Otro camino, otra historia.

CANGAS DE ONÍS

Primera capital de Asturias

Cangas de Onís, que fuera la primera capital del Reino de Asturias, es un pequeño pueblo medieval rodeado de montañas que se halla justo entre los ríos Sella y Güeña. No lejos de allí, un poco hacia el sur, está la villa de Covadonga y el parque de los Picos de Europa, dos de los lugares que planeábamos visitar en este viaje. Fue por esa estratégica cercanía –quizás más que por su propia importancia histórica– por la que lo escogimos como nuestra base para explorar la región. Llegamos a Cangas de Onís casi al mediodía luego de un bonito viaje a lo largo de la costa Cantábrica que nos tomó menos de cuatro horas. Después de dejar las maletas en nuestro hotel, salimos hacia el centro del pueblo con un doble propósito: almorzar y visitar sus lugares de interés.

Nuestra primera parada fue en el llamado Puente Romano, que cruza sobre el río Sella y es uno de los principales puntos de interés turístico en Cangas de Onís. Fue construido, no en la época romana como muchos creen, sino en el bajo medioevo, durante el reinado de Alfonso XI de Castilla. Colgando de su arco central puede verse una reproducción (algunos días más tarde veríamos la original, repleta de piedras preciosas, en la Catedral de Oviedo) de la mítica Cruz de la Victoria, aquella que según la leyenda llevó consigo el Rey Pelayo cuando ganó la batalla de Covadonga y que supuso el inicio de la reconquista de España. Desde donde estábamos, podíamos ver el puente en toda su extensión. Cuando ya nos íbamos, en una de las márgenes del río, bajo uno de los arcos menores del puente, vimos un restaurante al aire libre –el Mesón del Puente se llamaba– que era exactamente lo que buscábamos: una vista hermosa, una buena sombra y –como comprobaríamos más tarde– excelente comida. En realidad, fue un almuerzo ligero (nada de fabada a esa hora de la tarde), que consistió en unas tapas de sardinas, tortillas de patatas, croquetas de bacalao, un pedazo de queso Cabrales y dos vasos de sidra servidos al estilo asturiano. Es decir, escanciando la sidra desde una botella sostenida en lo alto del brazo extendido del camarero y sin que se derramase una gota.

Cuando terminamos de almorzar, ya la mayoría de los lugares estaba cerrado. Aun así, decidimos caminar un poco por su calle principal, la Avenida Covadonga, que es donde están casi todas las tiendas, restaurantes y sidrerías. Pasamos frente al Ayuntamiento y también frente a la Iglesia Parroquial de Santa María, levantada sobre un antiguo templo medieval. En realidad, en Cangas de Onís, a menos que usted practique senderismo o canotaje, no hay mucho que hacer. En dos horas habíamos recorrido todo el pueblo. Y eso que nos alejamos del centro para ver las llamadas «casas de indianos» (fabricadas por los asturianos que regresaban de América), casi todas alineadas a lo largo de la Avenida de Castilla. Esa noche, como queríamos salir temprano hacia Covadonga, cenamos en nuestro hotel, el Parador de Cangas de Onís, situado en lo que fue el antiguo Monasterio de San Pedro de Villanueva.

Al otro día, lo primero que hicimos al llegar a Covadonga fue visitar la Santa Cueva, una pequeña gruta en la ladera de la montaña donde está enterrado el Rey Pelayo, líder de un grupo de nobles visigodos que detuvo el avance de los moros al derrotarlos en el año 722, en lo que se conoce como el inicio de la Reconquista. Al final de la cueva, a la que se llega a través de un estrecho pasadizo, se levanta una capilla (incrustada en la roca) y un altar con la imagen de la Virgen (la Santina le llaman), frente a la cual hay varias hileras de sillas para que los fieles puedan rezar durante la misa. A un costado de la cueva, en la parte que está abierta al exterior, hay una escalera por la que se puede bajar, sin necesidad de volver atrás para salir, y que conduce a la llamada Fuente del Matrimonio (se dice que las jóvenes casamenteras que beben de sus surtidores pronto encuentran el camino del altar), donde caen las aguas de una cascada que corre desde lo alto de las rocas.

Frente a la montaña donde está la cueva, en una amplia explanada, se levanta la Basílica de Santa María la Real de Covadonga, una impresionante edificación de estilo neorrománico, inaugurada el siete de septiembre de 1901 y consagrada posteriormente como Basílica por el Papa León XIII. Frente a su fachada, que por la esbeltez de las agujas que rematan sus torres es lo que más llama la atención, se abre una plaza donde se alza una estatua de Pelayo sosteniendo la Cruz de la Victoria. Más que un santuario, Covadonga es una especie de divina trinidad: la Santina en su humilde cueva, la imponente Basílica resplandeciente en su arquitectónica majestuosidad, y la belleza salvaje de las montañas asturianas rodeándolo todo.

No lejos de Covandonga está el Parque de los Picos de Europa, al que se puede llegar utilizando cualquiera de las salidas que se encuentran en la carretera principal que le da la vuelta en redondo. Como ya nosotros estábamos dentro del Parque, todo lo que tuvimos que hacer fue tomar una de sus carreteras interiores, la CO-4, y subir bordeando todo el Monte Auseva hasta llegar al parqueo de Buferrera, donde dejamos el auto. Desde allí subimos por un sendero que nos llevó al Mirador del Príncipe (las vistas son espectaculares), para después seguir ascendiendo hasta el Mirador de Entrelagos, desde donde pueden verse los lagos Enol y Ercina, uno junto al otro, como divisores naturales de la Garganta del Cares y la montaña Peña Santa. Allí estuvimos más de media hora, no solo admirando el hermoso escenario que se abría ante nuestros ojos, sino también descansando del esfuerzo de la subida. Después de todo, estábamos a más de tres mil metros de altura, y una buena parte de ellos los habíamos ascendido a pie. Cuando ya nos disponíamos a regresar al parqueo donde habíamos dejado el auto, la tarde se oscureció de repente. A los lejos, las nubes corrían veloces entre los picos y presagiaban lluvia. Y como no queríamos que nos sorprendiera la noche allá arriba (la carretera, aun de día, es peligrosa), desandamos el camino a marcha forzada.

Llegamos a Cangas de Onís ya casi oscureciendo. La lluvia había cesado y el sol, que había vuelto a brillar, comenzaba a ocultarse. Todavía era posible divisar en la distancia, entre los tenues rayos de luz que aún lo iluminaban, el inconfundible perfil de los Picos de Europa. Los mismos picos en los que Pelayo, alzando la Cruz de la Victoria, rechazó a los árabes e inició la Reconquista de España.

GIJÓN Y OVIEDO

Asturianas de verdad

A pesar de haber salido de Cangas de Onís bajo la lluvia, pudimos llegar a Gijón en menos de dos horas. Y es que en lugar de tomar la carretera que conduce a Ribadesella y va bordeando la costa del Golfo de Vizcaya (un camino más bonito pero más largo), salimos por la E-70 hasta entroncar con la Autopista del Cantábrico, que lleva directamente a Gijón. Habíamos pensado utilizar esa ciudad para visitar Oviedo, Luaces, Cudilleros y Avilés. Creíamos que dos noches y tres días serían suficientes para cubrirlo todo. Pero, como siempre, el tiempo no nos alcanzó. Y eso que en cuanto llegamos salimos a recorrer Gijón.

    Estábamos hospedados en el Parador Molino Viejo, que está situado a un costado del famoso Parque de Isabel la Católica, así que lo primero que hicimos fue visitarlo. Y la verdad es que valió la pena porque es muy bonito. Tiene dos hermosos lagos, una zona infantil de juegos, un palomar, un corral de aves y numerosos monumentos históricos que lo han convertido en uno de los más populares espacios de ocio y recreación de los gijoneses.

    Después de caminar un rato por el parque, deteniéndonos en algunos de sus lugares de interés, salimos a la Avenida de Castilla, que es precisamente donde comienza el Paseo del Muro de San Lorenzo, un alegre *promenade* que corre a lo largo de la playa del mismo nombre y llega hasta el casco viejo. Tanto en el Paseo como en la playa, se advierte el proverbial dinamismo de la ciudad. En el paseo pueden verse jóvenes patinando, montando bicicletas o haciendo *jogging*, y también pueden verse muchos matrimonios mayores paseando tomados de la mano; en la playa se vuelan cometas, se practica el *surfing*, se construyen castillos de arena, o simplemente se toma el sol acostado en las tumbonas. Al final de este hermoso *promenade* se encuentra la Iglesia de San Pedro, justo donde comienza el Cerro de Santa Catalina, un antiguo emplazamiento romano sobre el que se asienta el barrio de Cimadevilla. A esa hora de la tarde la iglesia estaba cerrada, así que subimos por toda la Avenida La Salle hasta la cima del cerro, donde se levanta la escultura *Elogio del horizonte*, del famoso artista vasco Eduardo Chillida, en cuyos alrededores se esparcen las ruinas del llamado «Fortín», una obra del siglo XIX que se usó para situar piezas de artillería que protegerían el puerto en caso de una invasión.

Bajamos del cerro por la calle Sebastián Miranda y salimos a la Plaza del Marqués, en el área de la marina, donde se encuentra el Palacio de Revillagigedo, uno de los edificios más bonitos de la ciudad, y donde una estatua del Rey Pelayo se alza en el medio de una fuente de piedra. Toda esa zona, donde también están la Plaza Mayor y los Jardines de la Reina, está llena de restaurantes y bares. Al otro lado de la marina se halla la Playa de Poniente (no tan popular como la de San Lorenzo) en uno de cuyos extremos se encuentra el Acuario de Gijón. Dimos un par de vueltas por la Plaza del Marqués, y antes de regresar al hotel ya habíamos seleccionado el restaurante donde cenaríamos: El Palacio. Una decisión que resultó ser –como comprobaríamos más tarde– sumamente acertada; y no por su aristocrático nombre, sino por su excelente comida. Esa noche, cuando volvimos –aunque todavía estábamos en Asturias– pasamos por alto (ya la habíamos probado en Cangas) la fabada. En su lugar, ordenamos algunas de las especialidades de la casa: croquetas de centollo, ensalada de jamón ibérico, solomillo de ternera, bacalao al horno y flan con nata. Todo acompañado por una botella de Viña Esmeralda.

Al otro día, después de dormir un poco la mañana (por los excesos de la noche anterior) salimos hacia Oviedo, capital de Asturias, una de las ciudades más peatonales de España, con cerca de 80 calles cerradas al tráfico vehicular. Al llegar, estuvimos dando vueltas con el auto alrededor del Campo de San Francisco (un extenso parque que con sus arboledas, estanques y jardines, es un verdadero pulmón verde para la ciudad) buscando donde estacionarnos. Finalmente pudimos hacerlo en un parqueo municipal en la Plaza de la Gesta. Desde ahí caminamos (sin saber siquiera donde estaba el casco viejo) hasta una oficina de turismo situada en uno de los extremos del Campo de San Francisco, frente por frente al Palacio de la Junta General del Principado de Asturias, donde nos dieron un mapa de Oviedo y nos explicaron cómo llegar hasta la Catedral, que era donde queríamos iniciar nuestro recorrido.

La Santa Iglesia Catedral de Oviedo comenzó a edificarse a finales del siglo XIII y su construcción se prolongó durante 300 años, hasta el remate de la Torre y la construcción de la Girola. Está emplazada en el lugar de un anterior conjunto catedralicio erigido por el rey asturiano Fruela I, en el siglo VIII, reconstruido después, en el IX, por el Rey Alfonso II (791-842), con la adición de la Cripta de Santa Leocadia y la Cámara Santa, en la cual se custodian las reliquias (una parte del lienzo que cubrió el rostro de Jesús, un pedazo de madera de la Santa Cruz y panes de la Última Cena, entre otras) traídas por los cristianos que procedían del sur de la Península, principalmente de Toledo, para evitar que cayeran en poder de los musulmanes. En la Cámara Santa puede verse la Cruz de la Victoria, emblema de Asturias, laminada en oro y cubierta de piedras preciosas, recubriendo la original de madera que, según la tradición, es la que el Rey Pelayo enarboló en la batalla de Covadonga. También puede verse la Cruz de los Ángeles, donada a la Catedral por Alfonso II el Casto, en el 808. Esta última es de tipo griego, con medallón central y alma de madera chapeada en oro, y cuyas delicadas labores de orfebrería alimentaron la leyenda de haber sido trabajada por Ángeles. Es, además, el escudo de la ciudad de Oviedo.

Al salir de la Catedral, visitamos algunos de los lugares de interés turístico que se hallan en los alrededores, como el Museo Arqueológico y el Monasterio de San Pelayo, justo frente a los restos de la antigua muralla de Oviedo. También, cerca de la Catedral, están el Ayuntamiento y la Iglesia de San Isidoro, ambas situadas en la Plaza de la Constitución. Ya de regreso, en busca del auto, bajamos por la calle de San Francisco hasta la Plaza de la Escandalera, desde donde pudimos ver la Universidad de Oviedo y el Teatro Campoamor, en el que todos los años se celebra la solemne ceremonia de entrega de los Premios Príncipe de Asturias, el galardón más importante entregado por España. Desde la Plaza de la Escandalera tomamos la calle Marqués de Santa Cruz y salimos directamente a la Plaza de la Gesta, donde habíamos estacionado el auto. Como ya eran casi la cinco de la tarde y no queríamos que nos sorprendiera la noche en la autopista, emprendimos el camino de regreso. Además, como al otro día salíamos hacia Salamanca, queríamos despedirnos de Asturias con una cena típica en el restaurante del Parador. Y así lo hicimos. Esta vez, desde luego, no faltó la fabada. Ni la sidra.

SALAMANCA

Cuna de una legendaria universidad

Lo primero que viene a la mente cuando se piensa en Salamanca es, claro, su universidad. Y con razón. Después de todo, no solo es la más antigua y prestigiosa de España, sino que por sus aulas pasaron, como alumnos o profesores, las mentes más brillantes del continente. Es también, junto con las de Bolonia, Oxford y La Sorbona de París, una de las cuatro más antiguas de Europa. Quizás sea por eso que a pesar de que Salamanca tiene una hermosa Catedral, una histórica Plaza Mayor, radiantes palacios, numerosos museos y hasta un milenario puente romano, es la Universidad la que predomina. Pero no es solo por su centenaria reputación; no. Ese predominio se debe en gran medida a los miles de estudiantes que llenan las calles y plazas de la ciudad contagiando a todos con su juvenil entusiasmo y creando con su presencia un bienvenido ambiente de moderna intelectualidad. Sin embargo, Salamanca es mucho más que una legendaria ciudad universitaria. Es también una de las más bonitas y hospitalarias de España.

Al centro histórico de Salamanca puede accederse desde diferentes puntos de la ciudad. Puede hacerse desde la estación de trenes o desde el paradero de ómnibus. Nosotros lo hicimos desde nuestro hotel, el Parador de Salamanca, que está situado en la parte sur del río Tormes, precisamente frente al Puente Romano, una de sus más antiguas entradas. Justo al final del puente, en su parte derecha, se encuentra la Iglesia de Santiago, y frente a ella, pasando una estatua del Lazarillo de Tormes, la llamada Puerta del Río. Desde ahí, subiendo por la calle Tentenecio, se llega a la Catedral vieja, construida durante el siglo

XII, en una mezcla de estilos en el que predomina el románico en sus columnas, capiteles y arcos exteriores, y el gótico en sus bóvedas interiores. Pero es la Catedral Nueva, cuya construcción comenzó más tarde en el siglo XVI, la que con su magnificencia arquitectónica reina sobre la ciudad. Sus torres y cúpulas pueden ser vistas desde todas partes. En las noches, iluminadas, son todavía más impresionantes.

Como la Catedral está al comienzo de la ciudad vieja, fue donde primero paramos. La visita comprendía las Capillas de Santa Bárbara (fundada por el obispo don Juan Lucero en 1344), la de Anaya (donde está enterrado el arzobispo de Sevilla) y la de Santa Catalina, donde se celebraban los Concilios Compostelanos en el siglo XIV. También vimos el Coro (con una elaborada sillería y dos hermosos órganos); el Claustro (reconstruido después del terremoto de Lisboa en 1755); y el Museo, con sus tres salas repletas de pinturas de artistas salmantinos del siglo XV.

Cuando terminamos de recorrer el interior de la Catedral, salimos a la calle Rúa Mayor (donde están todos los restaurantes al aire libre) y llegamos a la famosa Casa de las Conchas, una curiosa edificación que aúna elementos góticos, renacentistas y mudéjares, y que fue mandada a construir por don Rodrigo Maldonado de la Talavera, caballero de la Orden de Santiago. Su nombre se debe a que su fachada está decorada con más de trescientas conchas de vieira y múltiples blasones. Hoy día es una biblioteca pública. A un costado de la Casa de las Conchas está la Iglesia de la Clerecía y la Universidad Pontificia, y a solo dos cuadras de ellas, el Patio de las Escuelas, una pequeña plaza rodeada de edificios pertenecientes a la Universidad. En el centro de esa plaza hay una estatua de Fray Luis de León, uno de los más ilustres profesores (Unamuno fue otro de ellos) de Salamanca, y de quien se cuenta que, habiendo sido arrestado por la Inquisición mientras impartía clases (lo acusaban de haber traducido la Biblia al lenguaje vulgar), al regresar de la cárcel de Valladolid cinco años después, comenzó su interrumpida disertación de esta jocosa manera: «Como decíamos ayer...». Es frente a esta estatua de Fray Luis, donde se halla –entre las demás figuras de piedra– la imagen de la llamada «rana de la suerte». Según un antiguo ritual universitario, los estudiantes que al comenzar el curso localizan la rana en la fachada en un primer intento, aprueban todos sus exámenes. Todavía lo siguen haciendo. Y no solo los estudiantes, sino también los turistas. Yo estuve media hora buscándola sin éxito, hasta que un vendedor ambulante de llaveros se compadeció de mí y me la señaló con una diminuta linterna de rayos láseres que, al parecer, usaba para ayudar a turistas despistados. En agradecimiento por su ayuda le compré un par de llaveros con la imagen de la dichosa rana.

De la Universidad salimos hacia la Plaza Mayor, una de las más grandes y bonitas de España. Fue construida en 1730 por los hermanos Alberto y Nicolás Chirriguera, y es el punto de reunión preferido de los salmantinos. Con su elegante Ayuntamiento dominando la parte norte, el resto de los portales está ocupado, en su planta baja (los pisos superiores son residencias privadas), por numerosos restaurantes, heladerías, joyerías y tiendas de regalos. En el centro de la plaza puede verse una placa conmemorando la designación de la ciudad como Patrimonio de la Humanidad por la UNESCO. Nos sentamos en uno de sus bancos viendo el lento correr de la tarde salmantina y, cuando ya nos íbamos, los tonos dorados del Pabellón Real refulgían bajo el sol que comenzaba a ponerse. Salimos por la puerta (hay seis entradas a la Plaza) que daba a la Iglesia de San Martín y terminamos de visitar los lugares que nos faltaban, como el Mercado Central, la Torre de Clavero, el Palacio de Orellana y el Convento de San Esteban. Ya cuando comenzaba a oscurecer, en lugar de regresar al Parador, decidimos quedarnos a cenar en uno de los restaurantes de la Rúa Mayor. Y lo hicimos en las mesas al aire libre del Mesón de las Conchas. Como queríamos probar algún plato típico de la zona, pensábamos pedir (por sugerencia de unos amigos) un cabrito cuchifrito, pero no lo tenían en el menú. Terminamos ordenando una ración de pimientos rellenos de bacalao (venían con una salsa de naranja), una ración de morcilla de Salamanca con piñones y un par de cañas bien frías. La experiencia en el restaurante no fue del todo buena, pues aunque la comida estaba deliciosa, el servicio dejó mucho que desear. Es cierto que el restaurante estaba lleno, pero aun así, la espera fue interminable. La sobremesa la hicimos caminando de vuelta hacia el hotel bajo una noche hermosamente estrellada. Cuando llegamos al Puente Romano y nos disponíamos a cruzar el río Tormes, se nos ocurrió volver la vista hacia la ciudad para verla por última vez. A lo lejos, completamente iluminada, la Catedral de Salamanca resplandecía como siempre.

BURGOS

La leyenda del Cid Campeador

Casi todos los operadores de *tours* en Europa incluyen la ciudad de Burgos en sus itinerarios. No hacen noche en ella, pero la usan para realizar una parada intermedia entre dos destinos más importantes como Madrid y San Sebastián. El propósito es dual: almorzar y visitar su Catedral, una de las más hermosas de España. Y eso fue precisamente –aunque viajábamos por nuestra cuenta– lo que hicimos nosotros. Habíamos salido de Logroño a media mañana y calculábamos llegar a Burgos antes del mediodía para después seguir rumbo a Santillana del Mar, cerca de la Costa Cantábrica. Disponíamos de tiempo suficiente para hacer las dos cosas: podríamos almorzar un bocadillo de jamón serrano en cualquier restaurante, y también podríamos entrar a la Catedral y recorrerla (la visita puede demorar un par de horas) en su totalidad. Queríamos ver, entre otras cosas, la famosa escalera dorada, la espectacular Capilla de los Condestables y la reverenciada tumba de El Cid. Cuando terminásemos la visita, si no era muy tarde, pensábamos caminar un poco por el Paseo del Espolón, una hermosa calle peatonal rodeada de sauces que corre a lo largo del río Arlanzón.

Entramos a Burgos por la Autopista E80 y tomamos la Calle de Valladolid hasta llegar a la Plaza de Vega, donde estacionamos el auto en uno de los numerosos parqueos municipales que hay en los alrededores. Desde allí caminamos (son apenas dos cuadras) hasta uno de los puentes que dan acceso al casco viejo. Justo al cruzar el puente se encuentra el famoso Arco de Santa María, una de las antiguas doce puertas de entrada a la ciudad en la Edad Media y uno de sus monumentos más emblemáticos. En realidad, no es una puerta cualquiera. Concebida a manera de arco triunfal (en el Poema del Mío Cid se menciona como punto de entrada y salida del Cid cuando partía a las guerras y cuando regresaba victorioso), su fachada es un elaborado retablo en piedra. Tiene un remate almenado, como si fuera un castillo, y en sus hornacinas pueden verse las estatuas de Diego Rodríguez Porcelo, fundador de la ciudad; Nuño Rasura y Laín Calvo, jueces de Castilla; el emperador Carlos I y el propio Cid Campeador. Y presidiendo sobre todos ellos, en lo alto del arco, una imagen de la Virgen Santa María, patrona de Burgos.

Atravesamos el Arco y enseguida llegamos a la plaza donde se encuentra la famosa Catedral de Burgos, fundada en 1221 por el Obispo Don Mauricio bajo el reinado de Fernando III, y declarada por la UNESCO Patrimonio de la Humanidad en 1984. En su fachada principal puede verse, en el primer nivel, las puertas que dan acceso a cada una de las naves. En el segundo nivel aparece una estrella de David, y en el tercero, una galería con las estatuas de diferentes reyes. A ambos lados de esta fachada se alzan las torres de la Catedral (que pueden ser vistas desde cualquier punto de la ciudad) y a su alrededor múltiples agujas que parecen alcanzar el cielo.

Pero si la Catedral de Burgos impresiona desde afuera, es en su interior donde uno verdaderamente descubre su magnificencia. Nosotros entramos por una puerta lateral llamada Sarmental (en la que puede verse a Cristo rodeado por los cuatro evangelistas) que está a un costado de la oficina donde se compran los boletos de entrada. Junto con los boletos, que cuestan cinco Euros, incluyen un pequeño plano de la Catedral con todos los puntos de interés señalados y sus correspondientes explicaciones. El recorrido comprende 33 paradas que comienzan en la Capilla de la Visitación, donde está la estatua yacente del Obispo Alonso de Cartagena, y termina en el Claustro Bajo, ojival en su forma –con amplios y luminoso ventanales– y donde es posible admirar numerosas esculturas de santos, obispos y reyes, así como infinidad de objetos litúrgicos.

Otra de las paradas interesantes, no por su valor histórico sino por sus curiosos efectos visuales, es donde se encuentra el llamado «papamoscas», un extravagante reloj del siglo XVI del que sobresale un figura mecánica de rasgos mefistofélicos que a cada hora en punto mueve un brazo con el que da un campanazo (siempre hay turistas allí esperando ese momento) mientras abre repetidamente la boca. A la altura de la parada número 13, en la parte norte de la nave, está la Escalera Dorada, construida por Diego de Siloe en un estilo renacimiento italiano que impresiona por su armónica composición, por los suntuosos barandales dorados y por los detalles de tres nichos funerarios que, en sus propias aperturas, se acoplan proporcionalmente al conjunto. El resto de las capillas corresponde a diferentes períodos arquitectónicos, siendo la más famosa de ellas la de los Condestable, de la influyente familia Velasco, donde está enterrado Don Pedro Fernández y su esposa. Pocos reyes en Europa han sido sepultados con tanta grandiosidad. Basta admirar su alta bóveda estrellada, los tres elaborados retablos (en uno de ellos se representa la purificación de María), sus esbeltas columnas y las imponentes figuras de piedra que adornan el sepulcro, para comprender por qué se dice que es la más solemne de todas las capillas.

Antes de que termináramos de recorrer la Catedral, nos detuvimos en la tumba del Cid y su esposa Jimena, que para asombro nuestro –aunque está en el mismo centro de la Catedral– es de una sencillez increíble. Sobre todo, si se tiene en cuenta su importancia histórica y el peregrinaje de sus restos, que pasaron del Monasterio de Cardaña, en las afueras de Burgos (donde también estaba enterrado su caballo Babieca), al Paseo del Espolón, de donde pasaron (después de haber sido profanada su tumba por soldados franceses) a la Capilla de la Casa Consistorial, para finalmente ser trasladados a la Catedral.

La visita a la Catedral nos tomó más de las dos horas que habíamos calculado. Aun así, antes de regresar al parqueo donde estaba estacionado el auto, tuvimos tiempo de almorzar en un pequeño restaurante de la Plaza Mayor. Después fuimos hasta el Paseo del Espolón, caminamos bajo los sauces, acacias, tilos y castaños que allí crecen y nos detuvimos en algunos de sus lugares de interés, como el edificio de la Diputación Provincial, el Teatro Principal, el Templete de la Música y la famosa escultura de «la castañera», una figura de bronce en homenaje a una mujer que siempre, aun a pesar del mal tiempo, se le podía ver en el mismo lugar del Paseo vendiendo sus castañas asadas.

Cuando llegamos al Arco de Santa María, decidimos que era hora de partir. Y qué mejor lugar para hacerlo que desde el mismo lugar donde tantas veces lo había hecho el Cid Campeador. Al cruzar el puente no pudimos menos que imaginarnos al Cid cuando, expulsado por el rey Alfonso VI, abandonaba la ciudad a paso lento en su caballo Babieca, ataviado con una capa bermeja sobre su cota de malla y la espada envainada porque esta vez no iba a la guerra sino al destierro. Al llegar a la calle nos volteamos y volvimos a mirar hacia el histórico Arco de Santa María Y entonces recordamos los primeros párrafos del Poema del Mío Cid: «Los ojos del Mío Cid mucho llanto van llorando; / hacia atrás vuelve la vista y se quedaba mirándolos, / vio cómo estaban las puertas abiertas y sin candados, / vacías quedaban las perchas ni con pieles ni con mantos. / Y habló como siempre habla, tan justo tan mesurado: '!Bendito seas, Dios mío, Padre que estás en lo alto!' / Contra mí tramaron esto mis enemigos malvados».

.

SANTILLANA DEL MAR

Mucho más que un nombre bonito

¡Santillana del mar! Solo por la sonoridad de su nombre la hubiésemos visitado. Pero no fue su bonito nombre lo que nos hizo incluirla en el itinerario de nuestro más reciente viaje a España. En realidad, lo que nos interesaba era su pasado medieval, la serenidad casi monástica de su entorno y su cercanía a las Cuevas de Altamira. Y no solo eso, sino que por su posición geográfica, sabíamos que nos serviría de comodín en el largo recorrido que pensábamos hacer entre Cantabria y Asturias. Creíamos que un par de días de descanso y tranquilidad, antes de continuar el viaje, no nos vendría mal. Y no nos equivocamos. Santillana es –después que los grupos de turistas matutinos se marchan– un remanso de paz. Cuando la noche cae sobre el pueblo, sus estrechas calles adoquinadas adquieren un aura de mágica irrealidad. No es fácil describir lo que se siente. Es como regresar físicamente al pasado y de repente poder ver a sus monjes fundadores atravesando en silencio la desierta Plaza Mayor. Es así de fuerte la atmósfera de encantamiento que envuelve al visitante.

En Santillana del mar –salvo recorrer con calma sus callejuelas, admirar sus floridas ventanas y entrar a curiosear en sus numerosas tiendas de regalos– no hay mucho que hacer. Su calle principal, Santo Domingo, se bifurca a la altura de la calle Carrera. Si se sigue por la izquierda, se llega a la Casa del Águila, una edificación del siglo XVI que alberga una interesante colección de arte cantábrico. Es pequeña, pero no hay que pagar la entrada. Si se sigue por la derecha, se accede a la calle Cantón, donde están las principales casonas del siglo XV, entre las que se destacan la de Leonor de la Vega, madre del primer marqués de Santillana y la de los Villa, también conocida como «la de los hombrones», porque el blasón de su fachada está sostenido por las figuras de dos grandes hombres. Justo al final de esta calle se encuentra la Colegiata de Santa Juliana, el monumento religioso más importante de Cantabria. Construida en el siglo XII sobre un antiguo monasterio benedictino, se destaca por su fachada de piedra anaranjada y por su singular campanario redondo. En su interior puede verse la tumba de Santa Juliana, de quien se dice que domó al demonio y que fue muerta por el esposo al negarse a consumar el matrimonio la noche de su boda. Cerca de la iglesia está el Museo de las Torturas, donde se exhibe una cantidad inimaginables de instrumentos de suplicio, tanto los utilizados durante la Inquisición, como en otros oscuros períodos históricos de la humanidad. En el otro extremo del pueblo está el Museo Diocesano, con una extensa colección de arte latinoamericano, traído por los «indianos» que regresaban de América. Santillana es tan pequeña, que un día es suficiente para recorrerla en su totalidad.

  Cerca de Santillana están las Cuevas de Altamira, uno de los lugares que queríamos visitar en la zona. En realidad, lo que visitamos fue el Museo de Altamira, en cuyo interior se halla la llamada Neocueva, una impresionante reproducción de la original, tan bien hecha, que al poco tiempo de estar allí uno se olvida de que se trata de una copia. La entrada a las verdaderas cuevas, a un costado del Museo, está prohibida al público para preservar su amenazada conservación. Descubiertas en 1868 por Marcelino Sanz de Sautuola, comenzaron a ser visitadas cuando las primeras noticias sobre las pinturas se dieron a conocer. En 1985 fueron nombradas Patrimonio de la Humanidad por la UNESCO. La Neocueva presenta Altamira tal como era hace 25,000 años, y lo hace poniendo en contexto – antes de llegar a las pinturas– el desarrollo de los hombres prehistóricos y sus formas de vida, desde el de Neanderthal hasta el Cro-Magnon. Un poco después, justo cuando se comienza a descender, aparece el primer dibujo, y a continuación, en las curvas del camino, el resto. Y frente a cada uno de ellos, su nombre y una detallada explicación. Están todos, desde los más conocidos, como el Bisonte y la Cierva, ambos de 14,500 años de antigüedad, grabados en la pétrea concavidad de las paredes de la cueva y dibujados con el carbón vegetal de las hogueras y el rojo de los minerales ocres. Están también la Cabra Salvaje, el Caballo Rampante y la Cabeza del Bisonte. Mientras uno avanza entre los simulados laberintos, otras pinturas menos conocidas siguen apareciendo. En un recodo, apenas perceptible, se descubre la forma de una mano; en otro, el llamado Bisonte Recostado. Cuando termina el recorrido, una puerta se abre y se pasa a las salas del Museo donde hay una exposición permanente sobre las formas de vida durante el Paleolítico Superior, que fue la época de las Cuevas de Altamira.

Salimos del Museo un poco después del mediodía y nos dirigimos a la ciudad de Comillas, no lejos de allí, donde habíamos planeado almorzar. Sabíamos que era un bonito *resort* turístico conocido no solo por sus playas, sino también por la arquitectura de algunos de sus edificios (entre ellos El Capricho de Gaudí y el de la Universidad Pontificia) diseñados todos por famosos arquitectos catalanes en los primeros años del siglo XX, por encargo de Antonio López y López, primer marqués de Comillas. Llegamos en menos de una hora y entramos por una carretera que, aprisionada entre el mar y las montañas, iba bordeando la costa. Desde lo alto, podíamos ver su playa que, en forma de medialuna, se extendía entre dos acantilados. Antes de dirigirnos al centro de la ciudad, almorzamos en uno de los muchos restaurantes que con sus terrazas al aire libre se alinean a lo largo del paseo que rodea la playa. En realidad, lo que hicimos fue tapear. Y como quiera que estábamos frente al Mar Cantábrico, quisimos probar sus especialidades: boquerones al ajillo, calamares fritos, mejillones con salsa de ajo, almejas de Pedreña y un par de cañas bien frías. Nos sentimos tan a gusto allí –no solo por la comida sino por la vista de la playa–, que si no hubiese sido porque todavía teníamos que visitar el casco viejo de la ciudad, nos habríamos quedado allí toda la tarde.

    El centro de la ciudad no está lejos de la playa. Estacionamos cerca de la Plaza de la Constitución, donde se encuentra el Ayuntamiento, y desde allí nos dirigimos hacia el Capricho de Gaudí. Esta impresionante edificación fue construida como residencia de verano por encargo de Máximo Díaz de Quijano, concuño del Marqués de Comilla, y bajo la dirección del arquitecto Cascante Colom, según los planos de Gaudí. Consta de tres pisos y tiene una torre lateral que resalta por su verticalidad y por las coloridas incrustaciones de cerámica con motivos que representan la flor del girasol. Después de pagar la entrada, uno puede recorrer el edificio, así como sus jardines, por su cuenta. Cuando terminamos de verlo todo, regresamos al lugar donde habíamos dejado el auto.

    Antes de marcharnos de Comillas, nos detuvimos en el antiguo cementerio –hoy convertido en atracción turística– que está a la salida de la ciudad y donde se alza la famosa escultura del Ángel Guardián, de José Llimona. Ya cuando nos íbamos, desde lo alto de los acantilados, volvimos a ver la playa. El sol comenzaba a ponerse y las aguas del Mar Cantábrico, azules y embravecidas cuando llegamos, ahora eran violetas y serenas. Una hora después ya estábamos otra vez en Santillana del Mar. Había anochecido, los turistas se habían marchado y el silencio había vuelto a apoderarse de sus calles. Mientras caminábamos de vuelta a nuestro hotel, volvimos a sentir todo el peso de su pasado medieval.

VIGO

La ciudad más poblada de Galicia

Los cruceros arriban a sus puertos de destino al amanecer. Lo hacen así para que las excursiones a tierra dispongan de más tiempo. El nuestro no sería la excepción. El Costa Mediterránea atracó en uno de los espigones del puerto de Vigo, tercera parada de su itinerario, justo cuando en el horizonte el color del cielo se tornaba violeta y las luces de los pesqueros atracados en la bahía titilaban brevemente antes de apagarse en la distancia. Desde el balcón de nuestro camarote podíamos ver cómo la ciudad, todavía en la penumbra, despertaba a un nuevo día. La Cánovas del Castillo, que es la calle que corre frente a la Terminal donde atracan los cruceros y que da acceso al casco viejo, estaba desierta. A lo lejos, alzándose sobre la ciudad, también podíamos ver el castillo que se levanta en lo alto del Monte de O Castro. En el muelle, la tripulación terminaba de asegurar el barco, con gruesas sogas, a un costado del espigón.

Un poco más tarde, cuando ya el sol comenzaba a iluminar las aguas de la ría y la mayoría de los pasajeros se preparaban para bajar del barco a tomar sus *tours*, nosotros todavía estábamos desayunando en el comedor. Al menos esta vez no tendríamos que apurarnos. Y es que aunque el crucero ofrecía dos excursiones opcionales –una a Santiago de Compostela y otra a Bayona– habíamos decidido quedarnos en Vigo recorriendo la ciudad por nuestra cuenta. Nos pareció que era lo mejor que podíamos hacer porque ya habíamos estado en Santiago y a la excursión de Bayona le habían eliminado –no recuerdo las causas– la visita al Parador Monterreal, en lo alto del Monte Boi, que era lo que más nos interesaba ver. Así que, cuando el barco estaba casi desierto y los empleados aprovechaban parar limpiar sus cubiertas y salones, fue que bajamos a tierra.

La impresión inicial de Vigo puede resultar engañosa. Y es que, aunque es la ciudad más poblada de Galicia y uno de los puertos pesqueros más importantes de España, una sensación de leve decadencia –por el deterioro de algunos edificios– recibe al viajero. Pero esa impresión es solo momentánea. Enseguida, cuando uno camina por el muelle de donde salen los ferries hacia las villas de Cangas y Moaña, al otro lado de la bahía, y ve cómo la ciudad comienza a despertar con vitalidad, esa sensación desaparece. A esa hora, los pescadores comienzan a llegar con sus barcos repletos de mariscos y muchas de sus esposas –conocidas como las «marisqueiras»– los venden en los alrededores del puerto, sobre todo cerca de la llamada «calle de las ostras», que es donde están todos los restaurantes de mariscos.

Después de caminar un poco por los muelles, lo primero que hicimos fue buscar una calle que nos llevara al Casco Viejo. Lo que no sabíamos era que, en realidad, el Casco Viejo estaba frente a nosotros. Solo teníamos que adentrarnos en sus callejuelas y recorrerlo en su totalidad. La noche antes habíamos estado leyendo un folleto turístico de Vigo y ya sabíamos los lugares de interés que queríamos visitar. Todo lo que teníamos que hacer era encontrarlos: la Plaza de Pedra y su Mercado; la Iglesia de Santa María, la Puerta del Sol, la Gran Vía, la Plaza de España, donde se encuentra el famoso Monumento a los Caballos, del escultor Juan Oliveira, y el Parque de Castro.

Con un mapa en la mano, que no nos sirvió de mucho porque no aparecían todas las calles, llegamos a la Iglesia de Santa María. Pensábamos que estaría en una plaza grande, pero no fue así. La Concatedral de Santa María de Vigo, como también se le conoce, está en la intersección de dos estrechas calles interiores del casco viejo. De estilo neoclásico, fue construida en 1816 por el arquitecto Melchor de Prado. Comparada con otras iglesias de Europa, es pequeña. La verdad es que quedamos decepcionados. Pero aun así decidimos entrar. A esa hora de la mañana, la iglesia estaba vacía. En su interior pudimos ver el célebre Cristo de la Victoria que, según decía el libro turístico que llevábamos, favoreció a los vigueses durante las Guerras Napoleónicas. Su procesión, que se realiza cada año en el primer domingo de agosto, constituye una de las mayores manifestaciones religiosas de la ciudad.

De la Iglesia de Santa María salimos en busca de la Puerta del Sol, porque habíamos visto en el mapa que de ahí podíamos llegar hasta la Gran Vía. Por un momento, por la similitud en los nombres, pensábamos que estábamos en Madrid. Pero no era así. En la Puerta del Sol es evidente el abandono de algunos de sus edificios, y no hay la actividad económica de la de Madrid. Al parecer, están tratando de revitalizar el área, pues toda la avenida estaba en reparaciones. Frente a un monumento conocido como El Sireno (una moderna figura que representa un híbrido pez-hombre) y que se alza sobre dos columnas de granito en el mismo centro de la Puerta del Sol, tomamos una calle peatonal a la que llaman «la milla de oro viguesa». Esta calle, que está repleta de tiendas y cafeterías nos llevó hasta la calle de Arzáis, desde donde accedimos a la Gran Vía. Y aquí el panorama cambió. Toda la zona bullía de actividad, los edificios lucían suntuosos y los jardines de las avenidas parecían reverdecer en la luz tenue de la mañana. Justo al comienzo de la Gran Vía está el impresionante Monumento al Trabajo, de Ramón Conde, uno de los más importantes artistas gallegos del siglo XX, en el que pueden verse siete marineros tirando de una red que sale, como si fuera el mar, de las aguas de una fuente.

A partir de esa escultura, la Gran Vía hay que caminarla cuesta arriba, pues conduce hasta lo alto del Monte O Castro, donde está el parque del mismo nombre. Al llegar arriba, frente al parque, está la Plaza de España, en la que como el Arco de Triunfo, de París, convergen varias avenidas que van formando un círculo. En el centro, se levanta el famoso grupo escultórico de Juan José Oliveira, conocido como Los Caballos, un impresionante conjunto en bronce de siete hermosos corceles ascendiendo por una cascada.

Cuando logramos cruzar una de las calles que mueren en la Plaza de España, entramos al Parque O Castro, que en la antigüedad fue el lugar donde se asentaron los primeros pobladores de la ciudad en el siglo II y III A.C. Después, en la edad media, se construyó un castillo, cuyas ruinas son hoy el mirador del parque, desde donde puede verse la bahía en toda su extensión, así como toda la ciudad de Vigo. Extasiados con las impresionantes vistas se nos fue el tiempo. Cuando nos dimos cuenta, eran más de las dos de la tarde y todavía no habíamos almorzado. Y como queríamos hacerlo en la «calle de las ostras», en lugar de caminar de vuelta, tomamos un taxi.

La «calle de las ostras» tiene una sola cuadra de largo y está cubierta de parasoles para proteger de las frecuentes lloviznas a los que comen al aire libre. En los más de quince restaurantes que se alinean a ambos lados de la calle es posible encontrar todo tipo de productos del mar: desde bacalao hasta percebes, pasando por crías de anguila, calamares, langostinos, almejas y ostras, los cuales se exhiben en unas mesas de piedra en las puertas de los comercios. Son tantos y tan variados que caminamos la calle arriba y abajo un par de veces antes de decidirnos por el que nos pareció mejor. No nos equivocamos. Por sugerencia del camarero ordenamos unas tapas de frituras de bacalao y gambas al ajillo, y como plato principal un arroz con mariscos para dos, acompañado de una botella de vino albariño de la casa. Fue una experiencia culinaria de la que todavía nos acordamos.

Al salir del restaurante ya casi era la hora de regresar al barco. Caminamos de vuelta por las estrechas y empedradas callejuelas del casco viejo bajo una ligera lluvia que había empezado a caer. Al llegar al puerto, ya el Costa Mediterránea se preparaba para zarpar. Fue en ese momento que recordé que de

Vigo habían partido miles de gallegos hacia Cuba y no pude menos que pensar en mis abuelos. Sabía que uno de ellos, Manolo, había salido desde Gijón, el 23 de octubre de 1912, en el vapor Reina María Cristina. Pero de los otros no sabía nada. Y me pregunté: ¿Habrían partido desde aquí? La idea de que podría estar parado en el mismo embarcadero en el que ellos partieron hacia América me golpeó de repente. Entonces los vi subiendo al barco, los hombres cargando viejas maletas de cartón y las mujeres a sus hijos, todos vestidos pobremente y con la tristeza de abandonar su patria reflejada en los rostros. Los pitazos del Costa Mediterránea me sacaron del ensueño. Yo también debía partir.

BARCELONA

Más allá de las Ramblas

Barcelona, capital de la región autónoma de Cataluña, es una de mis ciudades favoritas. Sin embargo, no la he visitado con la frecuencia que hubiese deseado. Por alguna razón, siempre he comenzado en Madrid mis viajes por España. Quizás haya sido una conveniencia geográfica, ya que mis últimos recorridos fueron, primero por Galicia y Asturias, y después por Andalucía. Como quiera que fuese, en esta ocasión, porque también visitaría la región vasca y la Costa Brava, escogí Barcelona como punto de partida. Y debo decir que la encontré más encantadora y vibrante que nunca. Ni los recientes conflictos políticos (durante mi estancia hubo manifestaciones a favor de la independencia en la Plaza de Cataluña) han logrado disminuir el flujo de visitantes. Nunca había visto tantos turistas. Todos los puntos de interés estaban repletos: el puerto, la Barceloneta, el área del Monumento a Colón, las Ramblas, el Barrio Gótico, el Parque Güell y la Sagrada Familia.

Como el Hotel Ciutadella, donde nos hospedábamos, estaba situado en la Avenida del Marqués de la Argentera, no lejos de Las Ramblas, comenzamos nuestro recorrido precisamente por ese emblemático bulevar. Y lo hicimos partiendo desde el Monumento de Colón hacia la Plaza de Cataluña. A lo largo de Las Ramblas hay algunos edificios de interés histórico, como el Palacio de la Virreina, donde vivió la esposa del Virrey de España en Perú; el llamado Liceo, el teatro de ópera donde comenzaron sus carreras los famosos cantantes catalanes Montserrat Caballé y José Carreras; el Palacio Güell (en realidad, no está en Las Ramblas, sino en una de sus calles laterales), una de las pocas obras de Gaudí que se encuentra fuera de l'Eixample, que por cierto quiere decir ensanche en catalán, para referirse a la expansión que la ciudad experimentó a partir de 1860.

Pero no son estos edificios históricos los que atraen a los visitantes, sino los cafés al aire libre, restaurantes, quioscos de flores y revistas, así como el famoso Mercado de la Boquería, rebosante de actividad comercial por la venta de mariscos, carnes y verduras. También, claro, por los artistas callejeros que allí se ganan la vida, como los mimos y las estatuas vivientes y que tanto le gustan a los turistas. Aquí, una advertencia: hay que tener cuidado. Entre una cartomántica y un mago puede haber un carterista tratando de alzarse con su billetera.

Porque nos sentamos en uno de los cafés al aire libre a tomarnos una cerveza y también porque entramos a La Boquería para verla por dentro, nos tomó casi dos horas llegar a la Plaza de Cataluña, que con sus fuentes y estatuas es la más importante de Barcelona y de la que parten el Paseo de Gracia (donde están la Pedrera y la Casa Batlló, los famosos edificios de Gaudí) y la Avenida Portal del Ángel, una calle peatonal que conduce al Barrio Gótico, justo hasta la Catedral, construida en el siglo XIV, así como hasta la Plaza de San Jaime, donde se encuentra el Palauo de la Generalitat. Esa tarde la plaza estaba llena de cámaras de televisión y periodistas que esperaban la llegada de Artur Mas, el presidente, que ese día firmaría el decreto de convocatoria del referéndum independentista para el 9 de noviembre. El ambiente estaba cargado de un fuerte contenido político. Así que decidimos regresar al hotel y prepararnos para la cena, que sería en el restaurante 7 Portas, donde habíamos reservado por sugerencia del taxista que nos recogió en el aeropuerto, quien nos dijo que allí se comía la mejor paella de Barcelona. Y la verdad es que tenía razón: pedimos una paella de arroz negro que estaba sensacional; y la acompañamos con un alvariño Raimat Viña 24. Para finalizar, desde luego, una crema catalana.

Al otro día compramos boletos para uno de los buses turísticos que recorren la ciudad. Queríamos ir a La Sagrada Familia y al Parque Güell, a los que, por estar lejos del centro, no podíamos ir caminando. La primera parada fue en La Sagrada Familia, justo en la fachada de La Pasión, ante la cual volví a sentir el asombro de la primera vez. Para describir lo que se siente frente a su monumentalidad arquitectónica y artística, solo se me ocurre contar esta anécdota. Fue hace muchos años: veníamos en un *tour* desde Francia y cuando el grupo llegó, precisamente a la fachada de La Pasión, un americano que venía delante de nosotros se detuvo, alzó la vista lentamente, como tratando de abarcar toda la verticalidad de las torres, y dijo: «*Oh, my God*». Pero enseguida, cuando no alcanzó a comprender el simbolismo de aquel acertijo de piedra, exclamó: «*What the hell is this?*» A mí nunca se me olvidó aquello porque yo tampoco salía de mi asombro. Que fue mayor cuando el guía nos explicó que las dos fachadas, cada una con aquellas cuatro torres que se perdían en el cielo, eran solamente los costados de la iglesia, y que cuando la fachada principal estuviese terminada, si es que alguna vez llegase a estarlo, sería el doble de alto.

Han pasado quince años de aquella primera visita, y la Sagrada Familia sigue inconclusa. Según el arquitecto Jordi Faulí, actualmente al frente de las obras, esperan terminarlas en el año 2026, coincidiendo con el centenario de la muerte de Gaudí. Mientras tanto, la catedral más grande del mundo, con sus fachadas en las que el nacimiento, la muerte y la resurrección de Cristo están representados mediante atrevidas esculturas, seguirá asombrando a todos. Como lo seguirán haciendo sus doce gigantescas torres de agujas, diseñadas para sostener unas campanas especiales de forma tubular capaces de tocar complejas melodías a todo volumen y cuyas partes superiores están decoradas con mosaicos que tienen inscritas las palabras, Sanctus, Hosanna in Excelsis y Alleluia. Sobre esto cuentan que cuando le preguntaron a Gaudí por qué se había esforzado tanto por embellecer la parte alta de las torres si nadie podría verlas de cerca, contestó: «Los ángeles sí podrán». Quien no pudo verlas fue él, porque murió atropellado por un tranvía antes de que estuviesen terminadas.

    La parada final la hicimos en el Parque Güell, donde además de recorrer sus coloridas terrazas, entramos a la casa donde vivió Gaudí durante 20 años. Hoy es un museo con algunos de los muebles originales y muchos de sus efectos personales. Cuando salimos del parque, volvimos a tomar el ómnibus y nos bajamos cerca de nuestro hotel. Al otro día partíamos hacia Zaragoza y queríamos salir temprano. Atrás quedaría el recuerdo de una Barcelona dinámica y excitante, para que cuando me preguntasen «Pero ¿qué tú le ves a Barcelona?» pudiese contestar con convicción: «El azul del Mediterráneo, el genio de Gaudí, la vitalidad de Las Ramblas, el monacal silencio de las callejuelas del Barrio Gótico, y la inconclusa monumentalidad de La Sagrada Familia».

ZARAGOZA

Una ciudad vibrante y cosmopolita

Aunque salimos de Barcelona temprano en la mañana, llegamos a Zaragoza, capital de la región de Aragón, casi al mediodía. La habíamos incluido en nuestro itinerario –sin esperar mucho de ella desde un punto de vista turístico– como una parada intermedia para alcanzar la costa norte de España, donde pensábamos visitar Santander, Bilbao y San Sebastián. Sin embargo, a pesar de la falta de expectativas, Zaragoza resultó ser una ciudad vibrante y cosmopolita con más de medio millón de habitantes y dos mil años de historia repartida entre iberos, romanos, musulmanes, judíos y cristianos, quienes sucesivamente fueron dejando sus huellas tanto en la arquitectura como en las artes. Pero no solo eso; Zaragoza es, además, una ciudad repleta de importantes museos, de elegantes bulevares arbolados y plazas con hermosas fuentes que en las tardes se llenan de gente en un ambiente de apacible cotidianeidad urbana.

  Lo primero que hicimos fue dirigirnos a la Plaza del Pilar, la más concurrida de todas, conocida como «el salón de la ciudad», por la cantidad de fiestas públicas que se celebran en ella. También se le llama Plaza de las Catedrales, porque es aquí donde se encuentran las dos catedrales de Zaragoza: la Catedral del Salvador (la Seo) y la Catedral-Basílica de Nuestra Señora del Pilar, «la Pilarica», como todos la conocen. Es una plaza grande, de forma rectangular, en la que además se levantan otros edificios importantes, como la Lonja, el Ayuntamiento, la Fuente de la Hispanidad y el Monumento a Goya. Detrás de ella, el centenario Puente de Piedra que cruza sobre el río Ebro; y por el frente, una terraza llena de heladerías, restaurantes y cafés al aire libre.

La Basílica de Nuestra Señora del Pilar es el templo barroco más grande de España y uno de los más importantes de su época. Está considerado como el primer templo mariano de la Cristiandad; fue aquí donde la Virgen María, aún viviendo en Jerusalén, habría aparecido en carne mortal al apóstol Santiago el día dos de enero del año 40. En su interior se conserva y venera el pilar sobre el que, según la tradición, apareció la Virgen. En sus capillas pueden verse numerosas obras de arte de gran valor, sobre todo algunos frescos pintados por Goya. Arquitectónicamente, el templo se articula en tres naves, de igual altura, cubiertas con bóvedas de cañón, en las que se intercalan sus cúpulas. El 27 de mayo de 1642, el municipio de Zaragoza proclamó a la Virgen del Pilar patrona de la ciudad, patronazgo que se extendió en 1678 a todo el Reino de Aragón.

Justo al lado de la Basílica se encuentra el Ayuntamiento de Zaragoza, o Casa Consistorial, como se le conoce. Según un folleto que obtuvimos en la Oficina de Turismo, se empezó a construir en 1946 y se inauguró en 1965. Su fachada es una mezcla de estilos entre el renacimiento aragonés y el mudéjar. A un costado del Ayuntamiento está la Lonja de Zaragoza, un edificio civil de estilo renacentista construido en la primera mitad del siglo XVI, como recinto destinado (hoy día es una sala de exposiciones) a actividades económicas. A solo unos pasos de la Lonja se halla el Monumento a Goya, un homenaje de la ciudad al artista aragonés más importante de todos los tiempos: la figura del pintor, en lo alto de un pedestal, preside el conjunto. En una de las paredes del monumento aparece inscrita esta frase de Goya: «La fantasía abandonada de la razón produce monstruos, pero unida a ella es la madre de las artes».

Detrás del monumento a Goya se encuentra la Catedral del Salvador de Zaragoza, conocida como «la Seo» (sede arzobispal en aragonés), construida sobre una mezquita de cuyo minarete todavía pueden verse algunos pedazos en la torre actual. En el otro extremo de la plaza está la Fuente de la Hispanidad, construida como parte de las remodelaciones que se emprendieron en 1991. Es una estructura muy moderna que contrasta con el resto de las edificaciones. Su figura dibuja el mapa de Latinoamérica y en su parte superior puede verse claramente la península de Yucatán, desde la que cae una cascada sobre un estanque que simula ser la Tierra de Fuego.

A solo unas cuadras de la Plaza del Pilar se halla la Plaza de España, situada en uno de los extremos del Paseo de la Independencia. Es tan importante como la del Pilar, pues a su alrededor está la sede de la Diputación Provincial; en su centro, rodeada de una fuente, se levanta el Monumento a los Mártires de la Religión y la Patria, un conjunto escultórico en piedra y bronce del zaragozano Ricardo Magdalena y el catalán Agustín Querol, inaugurado en octubre de 1904. Justo detrás de la plaza, en el casco viejo, hay un conjunto de estrechas callejuelas conocido como «el tubo», donde se encuentran la mayoría de los bares de tapeo de la ciudad. Pero como era temprano, muchos de los locales estaban cerrados. Sin embargo, al regresar más tarde en la noche, tampoco había mucho movimiento. Es cierto que era un día entre semana, pero aun así, sus desiertos callejones (en el hotel nos explicaron después que «el tubo» había comenzado a decaer por la crisis económica) no invitaban al tapeo. Terminamos cenando en un restaurante llamado El Fuelle, especializado en comida aragonesa, que unos amigos españoles nos habían recomendado. Una decisión que resultó acertada pues allí nos sugirieron unos menús fijos que incluían entrantes (migas de la casa, embutidos y pimientos a la brasa), segundos a elegir (ternasco o conejo a la brasa con patatas a lo pobre, solomillo o entrecot, bacalao o dorada al orio), postres (melocotón con vino o flan) y vino de la casa, que cambiamos por un Viña Mayor Ribera del Duero.

Al otro día, antes de emprender el viaje hacia Santander, pasamos por el Palacio de la Aljafería, un edificio de singular belleza, ejemplo de la arquitectura islámica hispana de la época de los Taifas y que posteriormente pasó a ser el palacio de los monarcas aragoneses. Hoy día es sede de las Cortes de Aragón. Desde allí cruzamos el Puente de la Almozara y tomamos la autopista que nos llevaría hasta la costa cantábrica. En la distancia, Zaragoza comenzaba a desdibujarse. Fue entonces que alguien en el auto, a modo de despedida, recitó de memoria los versos que Martí le dedicó a esa región: «Para Aragón, en España, / Tengo yo en mi corazón / Un lugar todo Aragón, / Franco, fiero, sin saña». En ese momento miré por el espejo retrovisor y pude ver como las torres de la Basílica del Pilar desaparecían finalmente entre el resplandor del río Ebro y la sencilla sonoridad de estos últimos versos: «Y si quiere un tonto saber/ Por qué lo tengo, le digo / Que allí tuve un buen amigo / Que allí quise a una mujer».

SANTANDER

Hermosa, tranquila y acogedora

A Santander, capital de la comunidad autónoma de Cantabria, la incluimos en nuestro recorrido no solo por su posición geográfica en la costa norte de España (desde donde pensábamos pasar a Francia), sino también porque habíamos oído hablar de su hermosa bahía y de sus numerosas playas. Sabíamos que desde un punto de vista turístico no podía compararse con las cercanas Oviedo y Gijón, pero aun así quisimos visitarla. De manera que llegamos a Santander pensando utilizarla solo como una conveniente parada en nuestro extenso itinerario. Sin embargo, para sorpresa nuestra, resultó ser una acogedora y tranquila ciudad con grandes y señoriales avenidas, amplias alamedas y hermosos paseos costeros.

Entramos a Santander por la Avenida de la Constitución un poco después del mediodía y llegamos directamente a nuestro hotel, El Palacio del Mar, que se encontraba casi frente a la playa Segunda del Sardinero. Como queríamos aprovechar lo que quedaba de la tarde, enseguida salimos a recorrer la ciudad; solo para descubrir que el centro de la misma, donde están los principales puntos de interés, estaba lejos de donde nos encontrábamos. Decidimos entonces caminar por el Paseo Marítimo del Sardinero, que corre a lo largo de las playas, desde la Segunda del Jardinero hasta la del Camello, y pasa por varias plazas (como la de Italia), parques (como el de Mesones) y jardines (como los del Piquío), así como varios hoteles, restaurantes y cafeterías. Este hermoso Paseo se encuentra en la zona más lujosa de Santander donde, a finales del siglo diecinueve y principios del veinte, acostumbraba a veranear la nobleza europea de esa época, entre ellos, primero, la mismísima reina Isabel II de Borbón, y después, Amadeo de Saboya, su sucesor en el trono, hijo de Vittorio Emanuelle II de Italia, el único rey de España perteneciente a la Casa Savoy.

 Caminando por el Paseo llegamos hasta la Plaza de Italia, entre los Jardines de San Roque y la Primera Playa del Sardinero (sí, hay dos playas llamadas Sardinero), bordeada en uno de sus costados por el famoso Gran Casino de Santander. Por un momento pensamos entrar y probar suerte, pero ya comenzaba a oscurecer y decidimos regresar desandando el mismo camino. Pero antes de llegar al hotel, nos sentamos en una de las terrazas del restaurante Parque de Trueba a tomarnos un vermú. Escogimos una de las mesas con vista al Paseo del Jardinero y allí estuvimos, conversando y mirando a la gente pasar, hasta que las últimas luces de la tarde se fueron desdibujando sobre la arena de la playa. Cuando se hizo de noche y vimos que el Paseo se iba quedando vacío, regresamos al hotel.

 Al otro día, después de desayunar, en la recepción del hotel nos explicaron cómo llegar al centro de la ciudad. Tomamos un ómnibus que nos dejó frente al Ayuntamiento, un edificio de dos cuerpos unidos por una puerta central sobre la cual está el balcón presidencial, un reloj y el escudo de Santander. Justo detrás del Ayuntamiento se encuentra el Mercado de la Esperanza, un edificio de dos plantas edificado en acero y vidrio en los terrenos del antiguo convento de San Francisco. Inaugurado en 1904, hoy día cuenta con más de ochenta puestos de venta de productos donde los santanderinos realizan sus compras diarias. En los del primer piso están los que venden pescados y mariscos; y en los del segundo, los que venden fiambres, carnes y verduras.

 Al salir del Mercado, con solo cruzar la Avenida de Calvo Sotelo, una de las más importantes de la ciudad, llegamos a la Catedral de Nuestra Señora de la Asunción. La verdad es que, comparada con otras catedrales españolas, la de Santander no impresiona; ni por su tamaño ni por su arquitectura. Es de estilo gótico, consta de dos iglesias adosadas la una a la otra y fue construida entre los siglos XIII y XIV, sobre el antiguo Monasterio de los Santos Emeterio y Celedonio, quienes fueron decapitados en Calahorra, La Rioja, y cuyas cabezas, que fueron traídas a Santander, se guardan en unos relicarios de plata en el interior de la Iglesia Baja o Cripta del Santo Cristo. Frente a la Catedral está la Plaza Atarezanas que, aunque pequeña, es muy bonita; en su centro se levanta el monumento a la Ascensión de la Virgen, y está rodeada por un estanque y un edificio de apartamentos con un café en los bajos, cuyas mesas al aire libre miran hacia la plaza.

De la catedral salimos hacia la Plaza Valverde, también conocida como Plaza Fortificada, donde pensábamos almorzar. Esta plaza, situada en la Avenida Calvo Sotelo, es una de las más concurridas de Santander. Fue reconstruida después de un devastador incendio que en 1941 destruyó la mayor parte del casco viejo de la ciudad. Los edificios que la rodean son casi todos organismos públicos, y en su entrada, colocada sobre un gran pedestal y mirando hacia el mar, está la estatua de Pedro Valverde, héroe cantábrico de la Guerra de la Independencia española.

Después que almorzamos en uno de los cafés de la plaza, cruzamos la calle y fuimos hasta los Jardines de Pereda, un espacio arbolado de singular belleza circundado de aceras con bancos de madera y en el que se destaca un estanque con su puente y una hermosa pérgola de feria. En su centro, la escultura del novelista cántabro José María Pereda se levanta sobre un pedestal de piedra en el que están grabadas distintas escenas de sus obras. En uno de los extremos del jardín se encuentra el llamado «embarcadero», desde el cual salen los barcos que realizan recorridos turísticos por la bahía, que era una de las cosas que habíamos planeado hacer. Así que compramos los boletos (cuestan diez Euros) y en cuanto el barco estuvo listo para partir, nos acomodamos en la cubierta superior para tener una mejor vista. La tarde estaba nublada, pero aun así, el paseo resultó muy bueno pues pudimos ver varios sitios de interés que caminando no hubiéramos podido ver, como el Palacio de la Magdalena, construido en 1909 por suscripción popular como regalo a la Familia Real española; el Palacio del Promontorio, un castillo de estilo montañés que fue la residencia principal de Emilio Botín, dueño del Banco Santander, y que en 2008 fue donado a su Fundación para realizar actividades sociales y culturales; el Hotel Real, un bello edificio de cinco pisos que se inauguró en el verano de 1917 y desde el cual puede verse toda la bahía; y por último, la isla de Mouro, de poco menos de dos hectáreas, completamente rocosa y en cuya parte más alta se levanta un faro que fue automatizado en 1921.

Esa noche, a modo de despedida (al otro día partíamos hacia Bilbao), quisimos cenar en un restaurante típico de Cantabria y lo hicimos en Casa Revert, que nos fue recomendado por uno de los empleados de nuestro hotel. Fue una velada alegre en la que disfrutamos de buena comida, buen vino y un servicio excelente. Al regresar al hotel, aunque era un camino más largo, lo hicimos por el Paseo Marítimo del Sardinero. Una brisa suave pero casi helada soplaba sobre el bulevar que, a esa hora, estaba casi desierto. En la oscuridad, podían sentirse las olas batiendo sobre la arena. A lo lejos, la luz del Faro de la Isla de Mouro alumbraba intermitentemente el horizonte cantábrico.

BILBAO

Alma y corazón del País Vasco

Hay quienes incluyen a Bilbao en sus itinerarios solo por ver el Museo Guggenheim, diseñado por el destacado arquitecto Frank Gehry. Y no podía ser de otra forma; después de todo, su edificio es una de las estructuras arquitectónicas contemporáneas más importantes del mundo y una de las principales atracciones turísticas de la ciudad. En realidad, antes de la construcción del museo, Bilbao era conocida como una ciudad portuaria, dominada por astilleros, minas de hierro y chimeneas metalúrgicas. Hasta que, en un esfuerzo por revitalizar la urbe, los complejos industriales a lo largo del río Nervión fueron desapareciendo y se iniciaron nuevos proyectos para mejorar su infraestructura, como el sistema de metro, diseñado por Sir Norman Foster; un nuevo aeropuerto, concebido por el arquitecto español Santiago Calatrava; y el centro comunitario la Alhóndiga, creado por Phillip Starck. Es decir, Bilbao dejó de ser un hueco lleno de hollín (como en ocasiones se referían a ella) y se convirtió en una pujante y cosmopolita ciudad en la que prosperó el turismo, la cultura y las artes. Y todo esto, de alguna manera, asociado al Guggenheim.

Por eso no es de extrañar que lo primero que hicimos al llegar a Bilbao, fuese visitarlo. Habíamos pensado ir caminando, pero resultó que el Guggenheim estaba lejos de nuestro hotel. En la recepción nos dijeron que en la estación Atxuri, a solo tres cuadras de allí, podíamos tomar un tranvía que nos llevaría hasta las mismas puertas del museo. Y así fue. En apenas veinte minutos, después de un breve recorrido por la ciudad, llegamos a la parada del museo. Al bajarnos del tranvía, desde la plataforma de la pequeña estación, pudimos verlo al otro lado de la calle. Inaugurado en 1997 por el rey Juan Carlos I, el edificio del Guggenheim impresiona no solo por la audacia arquitectónica de sus ondulantes formas, sino también por los cambiantes tonos metálicos de sus fachadas. Se levanta a orillas de la ría de Bilbao, junto al puente Príncipes de España, en una zona conocida como Abandoibarra. Desde el río, cuando nos acercábamos, tuvimos la sensación de que el Guggenheim era un barco que navegaba hacia nosotros. Y ya cuando estuvimos frente a él, los paneles de titanio que cubren su estructura nos parecieron (siguiendo con las analogías marítimas) las escamas refulgentes de un gigantesco pez.

En las terrazas exteriores del museo pueden verse algunas obras de arte, como *El árbol y el ojo*, del escultor indio Anish Kapoor, con sus setenta y tres esferas metálicas; los impresionantes y gigantescos *Arcos Rojos*, del artista francés Daniel Buren, añadidos al puente de La Salve; y el conjunto de *Los Tulipanes*, del artista estadounidense Jeff Koons. El interior del Guggenheim, aunque menos complicado desde un punto de vista arquitectónico, es también impresionante. En sus diferentes salas se exhiben colecciones permanentes como las de Richard Serra (*La materia del tiempo*) y la de Jenny Holzer (*Instalación para Bilbao*), o como las de la tercera planta, donde pudimos ver obras de Joan Miró, Pablo Picasso y Jackson Pollock.

Al salir del museo tomamos otra vez el tranvía y nos bajamos en la parada de Abando, muy cerca del Casco Viejo, conocido también como «las siete calles», porque esa era la cantidad de calles que formaban el poblado original en épocas del medioevo. Al igual que en otras ciudades españolas, el casco viejo es una de las zonas más animadas y pintoresca de Bilbao. Comenzamos nuestro recorrido por la Iglesia de San Nicolás, patrón de los navegantes, construida en 1756 y cuya inauguración dio origen a la llamada Semana Grande de Bilbao, que consiste en nueve días de fiestas populares. Muy cerca de la Iglesia de San Nicolás, está la Plaza Nueva, que aunque más pequeña que las de Madrid y Salamanca, tiene el encanto propio de ser punto de reunión de las familias o lugar de encuentro para probar unos pinchos (*pintxos* en vasco) y acompañarlos con unos *txikitos* (pequeños vasos de vino) en cualquiera de los muchos bares y restaurantes de la zona.

Caminando por las estrechas callejuelas del casco viejo llegamos a la Catedral de Santiago, la iglesia más antigua de Bilbao, construida entre finales del siglo XIV y principios del XVI en estilo gótico. Comparada con otras catedrales es pequeña, aunque amplia para una iglesia parroquial, que fue el propósito original de sus constructores. Terminamos el recorrido en el Teatro Arriaga, uno de los edificios más emblemáticos de la ciudad, justo frente a la Estación de Trenes de Santander, con su preciosa fachada de 1902, desde donde accedimos al llamado ensanche bilbaíno, con sus grandes avenidas (la Gran Vía de don Diego López) y plazas, como la de Moyúa, rodeada de edificios comerciales y modernas tiendas.

Antes de regresar al hotel, como ya casi era de noche, decidimos cenar en uno de los restaurantes del casco viejo para no tener que regresar más tarde. Y lo hicimos en el Víctor Montes, situado en la Plaza Nueva, que nos había sido recomendado por unos amigos que lo habían visitado el año anterior. Como la temperatura estaba agradable esa noche, en lugar de sentarnos en uno de los dos salones interiores (hay uno en el primer piso y otro en la planta alta), nos sentamos en una de las mesas de la terraza bajo techo que da a la Plaza. En realidad, no cenamos; lo que hicimos fue probar varios de los muchos *pintxos* que se alineaban en el mostrador del bar interior. La selección era extensa: boquerones con vinagreta de pimientos, centolla con huevos duros, bacalao ahumado y ventresca de atún, por solo nombrar algunos. Y los acompañamos todos con un buen vino tinto que nos recomendó el camarero.

Cuando salimos del restaurante, como todavía era temprano, estuvimos algún tiempo dando vueltas por la plaza y por el casco viejo que, por ser sábado, estaba lleno de gentes. Después tomamos un taxi y regresamos al hotel. No queríamos acostarnos tarde pues al otro día partíamos hacia San Sebastián y queríamos emprender el viaje temprano en la mañana. Atrás, como uno de esos recuerdos que se atesoran por siempre, quedaba Bilbao: alma y corazón del País Vasco.

.

SAN SEBASTIÁN

Una ciudad esplendorosa

Acabábamos de llegar a San Sebastián y desde la cima del Monte Igueldo, donde estaba ubicado nuestro hotel, la bahía de La Concha resplandecía bajo un cielo tierno y luminoso. En su centro, la isla de Santa Clara parecía proteger sus playas de las amenazantes aguas del Cantábrico. Al otro extremo de la bahía, en lo alto del Monte Urgull, sobre el macho del Castillo de la Mota, la estatua del Sagrado Corazón de Jesús se alzaba sobre la ciudad. Desde el balcón de nuestra habitación podíamos ver también el famoso Paseo de la Concha que, bordeando la playa del mismo nombre, terminaba frente al Ayuntamiento. A lo lejos, las montañas se desdibujaban en la distancia y el río Urumea era apenas una tenue línea que serpenteaba entre el casco viejo y el barrio de Gros. Las vistas eran espectaculares. A nuestros pies, San Sebastián nos recibía en su esplendorosa totalidad.

Enseguida bajamos a la recepción y pedimos un mapa de la ciudad. No queríamos perder tiempo. Dejamos el auto en el estacionamiento del hotel (a los principales puntos de interés de San Sebastián se puede llegar caminando) y utilizamos un funicular que baja desde la cima del Monte Igueldo hasta la Avenida de Satrustegui, justo donde comienza la playa de Ondarreta. A la izquierda de esta playa, donde se levantan las formaciones rocosas de las afueras de la bahía, está el llamado Peine de los Vientos, un conjunto escultórico de tres piezas de acero del conocido escultor Eduardo Chillida. Y a la derecha, el Paseo de la Concha, que con la famosa barandilla blanca del arquitecto vasco Juan Rafael Alday, es el emblema indiscutible de la ciudad. Fue por ahí donde comenzamos nuestro recorrido, justo a la altura del Palacio de Miramar, construido en 1893 por encargo de la Casa Real española sobre la base de un proyecto del arquitecto inglés Selden Wornum. Era aquí donde la reina María Cristina, esposa de Alfonso XII, tras enviudar, pasaba los veranos. Actualmente, el palacio y sus jardines están abiertos al público en horarios determinados.

Continuamos el recorrido por el Paseo hasta llegar al Café La Concha, donde nos detuvimos a almorzar. El lugar estaba repleto; tanto de turistas como de clientes regulares. Nos sentamos en una de las terrazas exteriores que dan a la playa y ordenamos patatas bravas, croquetas de jamón, una ensaladilla rusa y un par de cervezas. Era justo lo que necesitábamos: un refrigerio ligero y unas hermosas vistas. Al salir del restaurante, en vez de seguir por el Paseo, cruzamos la calle a la altura de la Plaza Zubieta y subimos por la Avenida San Martín hasta llegar a la Catedral del Buen Pastor, sede de la Diócesis de San Sebastián, cuya construcción, a cargo de los arquitectos Manuel Echave y Ramón Cortázar, comenzó en 1889 y terminó en 1897. A la colocación de la primera piedra se invitó a la familia real que, en ese mes de septiembre, como era su costumbre, se encontraba veraneando en la ciudad. El acta de la ceremonia fue firmada por el rey niño Alfonso XIII, de apenas tres años de edad (su padre Alfonso XII ya había muerto), por lo que su madre, la reina viuda María Cristina de Austria, debió guiarle la mano para que pudiera firmar.

De la Catedral salimos, por la calle Hernani, hacia los jardines del Parque Alderdi Eder, situados frente al Ayuntamiento de la ciudad. Lugar para el paseo y la estancia, estos hermosos jardines cuentan con diferentes conjuntos florales, estanques y pérgolas, y están rodeados por palmeras y árboles de tamarindo. Al final del parque, en la zona habilitada para los niños, un enorme tiovivo recuerda los tiempos de la Belle Epoque. Es frente a este parque donde está el Ayuntamiento de San Sebastián, situado en el edificio de lo que fuera el antiguo Casino. A un costado del Ayuntamiento comienza la famosa Alameda del Boulevard, con su área peatonal repleta de tiendas, restaurantes y cafés al aire libre. Al final de esta importante avenida está el Puente de Zurriola, uno de los varios que cruzan el río Urumea, y que da paso al barrio de Gros. Pasamos por el antiguo Mercado de la Bretxa (hoy convertido en un moderno centro comercial) y por el Teatro Victoria Eugenia (inaugurado en 1912 ha sido escenario de importantes estrenos de zarzuelas y de las ediciones del Festival Internacional de Cine), ambos situados en la Alameda.

Esa noche, en vez de regresar al hotel para cenar, decidimos hacerlo en alguno de los muchos restaurantes del casco viejo. La cocina vasca es una de las mejores de España, internacionalmente reconocida por su variedad (pescados y mariscos del Mar Cantábrico y verduras, vegetales y carnes del interior) y por su calidad, evidenciada en sus muchas estrellas Michelín. Sin embargo, en lugar de ir a un restaurante, lo que hicimos fue participar del pasatiempo nacional: tapear. O pinchar (*Tikiteo* en vasco), pues aquí a las tapas se les llama pinchos (*pintxos* en su grafía euskera), que consiste en visitar varios bares y en cada uno de ellos probar diferentes pinchos acompañados por una copa de vino. Y así lo hicimos. Comenzamos por los que están en los alrededores de la Iglesia de San Vicente y la Plaza de la Constitución, en la calle Fermín Cabelton (donde está el Bar Goiz-Argui) y en la calle 31 de Agosto, donde están el Bar Martínez (con sus chalatas de calabacín y morros de bacalao) y el Bar Gandarias, con sus brochetas de chipirones.

En muchos de estos establecimientos no se podía ni entrar por lo lleno que estaban. Era sábado y en las callejuelas del casco viejo todo era diversión. En las aceras, frente a los bares, grupos de jóvenes compartían alegremente; las personas mayores lo hacían en las mesas interiores. Fue una experiencia inolvidable. Al filo de la medianoche tomamos un taxi y regresamos al hotel.

Al otro día nos levantamos temprano para partir hacia la Costa Brava. Antes de emprender el descenso del Monte Igueldo quisimos ver la ciudad por última vez y salimos a la terraza del hotel. Allí estaban las mismas espectaculares vistas del día anterior. Nada había cambiado. San Sebastián se mostraba con la misma esplendorosa totalidad con la que nos había recibido; solo que esta vez nos estaba despidiendo.

CADAQUÉS Y TOSSA DE MAR

Dos hermosas perlas de la Costa Brava

La Costa Brava es el nombre dado a una extensa zona costera de España que comienza en el río La Tordera, en Blanes, muy cerca de Barcelona, y termina en Portbou, justo en la frontera con Francia. Está dividida en tres áreas: La Selva, que es la más al sur y que comprende la turística Loret de Mar y la medieval Tossa de Mar; el Bajo Ampurdán, en el centro, entre San Feliú de Guixols, con su Ermita de San Telmo, y Pals, con su Torre de las Horas; y el Alto Ampurdán, la más al norte, con su famoso Parque Nacional de las Marismas, el bohemio Cadaqués donde vivió Dalí, y el Golfo de Rosas, donde con más fuerza se sienten los vientos fríos y turbulentos de la tramontana. Son más de veinte pueblos que, a lo largo de doscientas millas de costa, van apareciendo en el camino: unos, casi en el borde de los rocosos acantilados; otros, en el fondo de escondidas ensenadas o alrededor de hermosas playas.

Como es imposible visitarlos todos, el viajero debe escoger los que más le interesen. Que fue lo que mi esposa y yo hicimos el verano pasado cuando planeábamos el viaje. Nos gustaban Cadaqués y Tossa de Mar; el primero en el norte y el segundo en el sur. ¿Qué hacer? Nos pareció que lo mejor sería escoger un punto intermedio desde donde pudiéramos movernos con comodidad por toda la costa. Y así lo hicimos. Reservamos en el Parador de Aiguablava, no solo por su posición geográfica (justo en el centro de nuestros dos destinos), sino porque sabíamos que desde sus terrazas (el hotel está situado en lo alto de un acantilado) las vistas eran espectaculares y que su playa, casi oculta en una pequeña ensenada, era una de las mejores de la zona. Llegamos al hotel por la tarde, cansados después de conducir por más de seis horas (veníamos desde Lourdes, en Francia), así que decidimos no salir y quedarnos a cenar en el hotel. Esa noche, antes de subir a la habitación, fuimos a la recepción donde nos dieron un mapa de la zona y nos explicaron cómo llegar a Cadaqués. Solo que lo hicieron con esta ominosa advertencia: «Mañana salgan temprano; no porque Cadaqués esté muy lejos, sino porque su carretera es estrecha y tiene muchas curvas».

Y era verdad. La carretera, que primero asciende para luego descender, era estrecha y con muchas curvas. Pero, por suerte, el día estaba radiante y conduciendo con cuidado llegamos sanos y salvo a la Casa Museo de Salvador Dalí, nuestra primera parada en Cadaqués. Fue aquí donde Dalí vivió y trabajó desde 1930 hasta que en 1982, con la muerte de su esposa Gala, fijó su residencia en el Castillo de Púbol. La construcción inicial no era más que una barraca de pescadores que el pintor fue ampliando obsesivamente durante cuarenta años. Dalí lo explicaba de esta manera: «Esta casa es como una estructura biológica; a cada nuevo impulso de nuestra vida le corresponde una nueva célula, una habitación».

La casa, construida a base de adiciones, es laberíntica y confusa. La visita comienza (dirigida por un guía) en el Recibidor del Oso donde, como su nombre indica, los visitantes son recibidos por un oso disecado que sirve de paragüeros y portacartas. Después se pasa al taller del artista, donde Dalí pasaba (todavía es posible ver sus caballetes y pinceles) la mayor parte de su tiempo. Al lado del taller está la llamada Habitación de los Modelos, y un poco más adelante La Sala Oval, donde Gala leía y recibía a sus amistades. A un lado de la Sala Oval están el tocador de Gala y la Habitación de las Fotografías, donde la pareja aparece fotografiada con los ricos y famosos de todo el mundo. En la parte exterior de la casa está el patio y la piscina, ambos decorados con un marcado estilo surrealista en el que destacan un sofá labial, surtidores en forma de cisnes y numerosos carteles de los neumáticos Pirelli. Una pequeña tienda de regalos, con el inconfundible sello Dalí, espera a los visitantes a la salida.

De la casa de Dalí bajamos rumbo al pueblo, donde almorzamos frente a la playa en uno de los muchos restaurantes que se alinean en la orilla. Tradicionalmente dedicado a la pesca, Cadaqués, famoso por sus anchoas, ha pasado de ser una villa de pescadores para convertirse en un importante punto turístico donde veranean no solo las familias de las cercanas Barcelona, Figueras y Gerona, sino también de todas partes del mundo.

Al otro día nos dirigimos hacia Tossa de Mar, un pueblo cuyos orígenes se remontan a los tiempos medievales, evidenciados por un bonito casco viejo de callejuelas estrechas y empedradas y los preservados restos de las murallas de una fortaleza que se levanta en lo alto del Monte Guardí. Tossa de Mar tiene, no solo el encanto de ser una pequeña villa de pescadores, sino también la importancia de su histórico pasado y la modernidad de su presente turístico. Su playa principal, la llamada Platja Gran, está justo a los pies del centro de la ciudad, custodiada hacia el oeste por la torre de la Fortaleza. Después de almorzar en uno de los restaurantes de la playa, al igual que hicimos en Cadaqués, emprendimos el camino de regreso. No queríamos que nos sorprendiera la noche pues la carretera de Tossa de Mar también es estrecha y con muchas curvas. Además, al otro día debíamos partir hacia Barcelona, última parada antes de nuestro regreso a Miami.

ITALIA

ROMA

Eterna y calurosa

«No se te ocurra ir en julio», me dijo una amiga cuando supo que viajaría a Roma. Todo lo que ella recordaba de la ciudad eterna era el calor. Y la sandalia que se le quedó adherida al asfalto ardiente de la Vía Petroselli cuando trataba de cruzarla para llegar a la Boca de la Verdad. «Por poco me mata un carro», me aseguró. No le pregunté si había recuperado la sandalia, pero recuerdo que pensé: «¿A quién se le ocurre recorrer Roma, en verano, calzando un par de sandalias plásticas»? Sí, claro que este año también había calor en julio. Siempre lo ha habido. Roma, además de eterna, es calurosa. Y sí, la Vía Petroselli ardía cuando mi esposa y yo la atravesamos corriendo para llegar a la Boca de la Verdad antes de que cerrara y poder retratarnos frente a ella como si fuéramos Gregory Peck y Audrey Hepburn en la película *Roman Hollyday*.

La *Bocca Della Veritá*, como es su nombre en italiano, no es una de las principales atracciones turísticas de Roma, pero siempre está llena. Está colocada en una de las paredes del portal principal de la iglesia Santa María de Cosmedin. Es una antigua máscara de mármol que representa un rostro masculino con barba, en el cual los ojos, la nariz y la boca están perforados y huecos. Cuenta la leyenda que los maridos celosos llevaban a sus mujeres hasta allí y las obligaban a introducir sus manos en la boca abierta de la máscara para comprobar si le eran fieles o no. Si la mujer mentía mientras tenía la mano introducida en la abertura de piedra, ésta se la cercenaba. Este mito pudo haberse originado en los textos de *Mirabilia Urbis Romae* (Maravillas de la ciudad de Roma), una especie de guía turística medieval con demasiada imaginación, donde se asegura que la imagen le habló a Juliano, el emperador romano conocido como el Apóstata. En realidad, más que histórica o cultural, la fama de la Boca de la Verdad es fílmica. Y es que, además de la escena de *Roman Hollyday* –que le valió un Oscar a Audrey Hepburn– está la que recrearon Marisa Tomei y Robert Downey Jr. en *Only you*, una deliciosa comedia romántica de 1994. Desde entonces, todas las parejas que la visitan tratan de reproducir esas escenas en el formato digital de sus camaritas y hacen largas colas para retratarse frente a la Piedra de la Verdad. Hasta ahora no se han reportado casos de manos cercenadas.

De la Boca de la Verdad, salimos hacia el Foro, la Plaza del Capitolio y el Coliseo, tres importantes lugares de Roma que están cerca de la Iglesia Santa María de Cosmedin. Hace unos años, en una visita anterior, habíamos recorrido las ruinas del Foro en su totalidad: el Templo de Saturno, el Senado, el Arco de Séptimo Severo, la plataforma de los oradores públicos y el Templo de Julio Cesar. Todo un imperio reducido a escombros. Esta vez nos conformamos con ver el foro desde un mirador que está al final de la Vía Consolazione, en las alturas del Monte Torpeo. Después de tomar algunas fotos, subimos a la Plaza del Capitolio, donde en una época se alzaron los templos de Júpiter y Juno, y en la que hoy día están los edificios del Ayuntamiento y el Palacio del Conservatorio. A un costado de la Plaza del Capitolio está el monumento a Vittorio Emanuele II. Construido entre 1885 y 1911 para celebrar la unificación de Italia, fue concebido como una especie de altar a la patria. Es aquí donde se encuentra la Tumba del Soldado Desconocido y donde se realiza el Cambio de Guardia. Dentro del edificio principal está el Museo Central del Resurgimiento, donde se exhiben documentos históricos sobre la reunificación italiana. En uno de los salones se exhibe la camilla en la que Garibaldi fue depositado cuando lo hirieron en la Batalla de Aspromonte. Puede ser visitado de nueve de la mañana a seis de la tarde y la admisión es gratis. Nosotros no entramos, pero aprovechamos la parada para descansar en una fuente que está en la base del monumento y en la que los turistas se refrescan metiendo los pies en sus heladas aguas.

De allí salimos hacia el Coliseo por la Vía Foro Imperali, que le da la vuelta al Monumento y al Foro. El Coliseo, como siempre, estaba repleto de turistas. Se veían por todas partes: en lo alto del Coliseo, caminando entre los pasillos de las gradas superiores; en la planta baja, retratándose frente a sus semiderruidas paredes; y descansando en el césped que rodea el lugar. Los que pagan la entrada pueden, además de ver la arena, descender hasta las cámaras subterráneas donde estaban las jaulas de los animales, y también visitar una exposición fotográfica que hay en el tercer piso donde se documenta la historia de este importante símbolo de Roma. A solo unos pasos del Coliseo está el Arco de Constantino, el más grande de los arcos triunfales romanos, erigido en el año 313 para conmemorar la victoria de Constantino sobre Majencio. Desde la base del Coliseo se pueden tomar buenas fotos de este histórico arco.

Del Coliseo salimos caminando hacia el Panteón y la Plaza Navona porque era lo que más cerca nos quedaba, y porque de todas maneras pensábamos cenar allí esa noche. Como ya no teníamos tiempo de ir a nuestro hotel a cambiarnos y regresar, decidimos aprovechar todo lo que quedaba de la tarde y la noche. Cuando llegamos al Panteón comenzaba a oscurecer, pero todavía estaba abierto. El Panteón es uno de los monumentos más antiguos de Roma. Reconstruido por el emperador Adrián, fue dedicado a los dioses del Olimpo griego. Desde afuera, con sus ocho columnas de granito, la fachada es impresionante. A su interior, sin embargo, le falta el esplendor de otras iglesias cristianas. La ausencia de oropel en sus capillas no impide la admiración que despierta su cúpula, una obra maestra de arquitectura que desafía la física al extenderse 141 pies sin soportes.

A pocas cuadras del Panteón está la Plaza Navona, quizás la más concurrida de Roma. Esa noche no era la excepción; estaba repleta. Se diferencia de las demás por su forma ovalada, una consecuencia de las dimensiones del estadio romano sobre el cual fue construida. Todas las fuentes de la Plaza Navona son de Bernini. En uno de los extremos se encuentra la de Neptuno, en el otro la del Moro, y en el centro la de los Cuatro Ríos, la más grande de las tres, y la que simboliza los ríos Ganges, Nilo, Danubio y De la Plata. Después de recorrerla de un extremo al otro, escogimos uno de los muchos restaurantes que la rodean. No me animo ni a describir el menú. Todos son iguales. Turísticos en la peor acepción del término. Y caros. Pero esa noche no teníamos otra alternativa. O comíamos algo allí, o nos íbamos con el estómago vacío para el hotel.

Al otro día, temprano en la mañana, salimos hacia el Vaticano con la idea de parar también en la Plaza de España. Estábamos descansados, así que fuimos caminando. Desde nuestro hotel, el Albani, bajamos por toda la Vía Veneto, pasamos frente a la Embajada Americana y al Hard Rock Café, y salimos a la Plaza Barberini. Desde allí seguimos hasta el Obelisco de Salustiano y la Iglesia Trinita del Monti, que están en lo alto de los famosos *spanish steps*, por cuya escalinata se puede bajar hasta la Plaza de España. Aquí nos detuvimos un rato para tomar fotos de la Fontana Della Barcaccia, también de Bernini, y de la famosa Vía Condotti, por la cual bajamos hasta salir al Puente Humberto, casi frente al Castillo de San Angelo, una impresionante fortaleza que servía de refugio a los Papas en tiempos de peligro. Del Castillo salimos a la Vía de la Conciliación, que conduce directamente a la Plaza de San Pedro. La perfección arquitectónica de esta plaza es evidente cuando uno se para frente a ella. En el centro se alza el Obelisco Egipcio, traído desde la antigua ciudad de Heliopolis por Galígula. A ambos lados del obelisco, y a la misma distancia, hay dos hermosas fuentes. Y rodeando la plaza, formando una colosal elipse, están las famosas columnatas de Bernini, compuestas por 284 pilares y coronadas por las estatuas de 140 santos y mártires.

Entrar a la Basílica de San Pedro ya no es tan fácil como antes. Ahora hay que pasar, como en los aeropuertos, a través de detectores de metal y de puestos de revisión donde hay que abrir los bolsos de mano y los *backpacks*. Pero aun así, las colas avanzan con bastante rapidez. Después hay que escoger entre subir a la Cúpula o entrar a la Basílica. Nosotros escogimos lo segundo porque, aunque ya habíamos estado en ella, queríamos ver la tumba de Juan Pablo II. Pero primero volvimos a recorrer las grandes salas de la iglesia, donde una vez más admiramos la conmovedora escultura la Pietá, de Miguel Ángel; el Altar Papal, bajo el famoso baldaquín de Bernini; los confesionarios, justo al lado de la estatua de San Pedro, con el bronce de su pie derecho desgastado por el roce de las manos de millones de visitantes que lo tocan cuando le piden milagros; y las distintas capillas construidas con elaborados mármoles y rodeadas con sus ornamentos de oro y brillantes. Cuando terminamos el recorrido, bajamos a la cripta donde se halla la tumba de Juan Pablo II, que está junto a la de San Pedro y a las de otros 60 Papas que también están enterrados allí. Comparada a las otras, la tumba de Juan Pablo II impresiona por su propia sencillez. Frente a ella pasan, diariamente, entre quince y veinte mil visitantes. Sin embargo, pude comprobar cómo las personas, a pesar de la cantidad que llenaba el estrecho pasillo de la cripta, se comportaban con solemnidad. Un respetuoso silencio parecía haberse asentado, de una manera permanente, en la cavernosidad de la gruta.

De la Basílica de San Pedro salimos, en plan de despedida, hacia la Fuente de Trevi. Era nuestro último día en Roma y queríamos despedirnos como siempre lo hemos hecho: lanzando unas monedas a la fuente y pidiendo regresar. Sé que es una tradición ingenua, pero hasta ahora nos ha dado resultado. Hemos seguido regresando. Así que nos sentamos en el muro, de espaldas a la fuente, y lanzamos las monedas sobre el hombro izquierdo. ¿Regresaremos? Yo espero que sí. Las tradiciones suelen ser ciertas. Aunque parezcan tontas.

VERONA

En busca de Romeo y Julieta

A orillas del río Adigio y a medio camino entre Milán y Venecia, está la ciudad de Verona, que fuera república independiente durante mucho tiempo y todavía importante plaza del llamado cuadrilátero lombardo. Sin embargo, Verona no es recordada por su importancia histórica, sino por haber sido el escenario de una de las historias de amor más grande de todos los tiempos: Romeo y Julieta, de Shakespeare. Y aunque Verona es mucho más que Capuletos y Montescos, los turistas continúan visitándola cada año para ver, más que sus lugares históricos, la casa donde vivió Julieta. O el lugar donde se supone que está enterrada. O la presunta casa de Romeo, hoy convertida en un restaurante. No hay evidencias de que estos inmortales amantes hayan existido realmente. Pero a nadie parece importarle. La leyenda continúa. Así, Verona es hoy una de las ciudades más visitada de Italia.

Es fácil llegar a Verona. Si usted viene manejando desde Milán, está justo en la salida Verona Sud de la autostrada A4. No hay que desviarse. Es el lugar ideal para una de esas paradas de descanso que deben hacerse en los viajes largos. Eso fue lo que hicimos en nuestro último viaje a Italia. Íbamos rumbo a Venecia, y como ya casi era el mediodía, en vez de parar a almorzar en uno de los muchos *auto grill* que abundan en las carreteras italianas, lo hicimos en Verona. Era algo que habíamos planeado desde que salimos. Sabíamos que la parte vieja de Verona es pequeña y se puede recorrer en medio día. Tiene varias plazas, dos o tres basílicas, un coliseo y como dije al principio, la casa de Julieta y su tumba. También sabíamos que la mayoría de los operadores de *tours* de Europa la incluyen en sus recorridos. Pero no pensamos que habría tanta gente. Quizás sea porque es fácil acceder a ella, o porque todavía la historia de los Montescos y Capuletos provoca curiosidad. Lo cierto es que ese día Verona rebosaba actividad.

Como disponíamos de poco tiempo comenzamos por la Plaza Bra, donde se encuentra el Ayuntamiento, el Palacio de la Gran Guardia y la Arena di Verona, un coliseo casi tan grande como el de Roma y que los organismos culturales de la ciudad utilizan para presentar la temporada de ópera del verano. Cuando no hay función se puede visitar. Para entrar hay que pagar, pero vale la pena porque su construcción está casi intacta. Algo increíble si se tiene en cuenta que data del siglo I y que además, en el XII, fue afectada por un terremoto. Sus pasadizos están bien conservados y las gradas, a diferencia del de Roma, están completas. Le falta, eso sí, el lustre histórico de los gladiadores.

Desde ahí, si se toma la Vía Mazzini, se llega a la Piazza delle Erbe, una pequeña plaza rodeada de palacios donde en la época romana se encontraba el foro. Hoy es un mercado de frutas y vegetales. En su centro hay una fuente y una estatua a la que llaman la Virgen de Verona. Está también la Torre Gardello, mandada a construir por una de las princesas de la familia Della Scala, que regía la república. En una de las calles que desemboca en la plaza, la Vía Cappello, se encuentra la casa de Julieta. Un diminuto letrero señala el lugar. Si no hubiese sido por la cantidad de gente que se agolpaba en la puerta que da entrada al patio interior, hubiéramos seguido de largo.

Para entrar a la casa hay que pagar 5 euros. Antes de hacerlo nos retratamos junto a una estatua de bronce de Julieta que está en el centro del patio y a la que todos los visitantes, según la tradición, deben acariciarle el seno derecho, ya pulido y brilloso por el roce de millones de manos, y pedir un deseo. Después hicimos lo que todos hacen: subimos a la habitación de Julieta y nos asomamos al balcón inmortalizado por Shakespeare. Cientos de personas esperaban para hacer lo mismo. Yo no salía de mi asombro. Me resultaba imposible pensar que a pesar de que, como ya expliqué, no existen evidencias de que la familia Capuleto haya vivido en esa casa, los turistas sigan visitándola sin importarles que todo sea, al parecer, un gran timo turístico.

Al salir de la casa, la siguiente visita era casi obligada: la tumba de Julieta. El supuesto sepulcro está en un convento franciscano a la altura de la Via del Pontieri, cerca de la arena. Pero no fuimos. No porque estuviésemos escépticos con toda la historia, sino porque teníamos que desviarnos del recorrido que habíamos planeado. Igual nos pasó con la casa de Romeo. Teníamos la dirección, pero en algún lugar habíamos leído: «No se molesten en buscarla. Donde se supone que vivieron los Montesco ahora hay un restaurante que se llama Hostería dal Duca».

Pero no todo en Verona tiene que ver con Romeo y Julieta. Hay otros lugares de interés. Por ejemplo, de frente al río y a un costado del Puente Scaligero, se encuentra el castillo Castelvecchio, mandado a construir por Cangrande II para que sirviera de sede a la familia Della Scala. Hoy día es un museo de arte en el que se pueden ver obras de los más importantes pintores de la llamada escuela veronesa, así como de los famosos venecianos el Tintoretto, Juan Gianbattista Tiepolo y Guardi. Está un poco alejado del centro, pero por su importancia artística vale la pena visitarlo.

Se puede visitar también la Piazza dei Signori, donde se encuentra el Palazzo del Governo y una estatua de Dante Alighieri que, como se sabe, encontró refugio en Verona cuando tuvo que huir de Florencia. A solo unas cuadras de distancia está la Basílica de Santa Anastasia, la más grande de todas las de Verona. Su construcción demoró casi dos siglos: desde 1290 hasta 1481. De sus capillas, la más importante es la de Giusti, donde puede verse un impresionante fresco de Pisanello representando a San Jorge frente al dragón. Junto a la basílica se alza la inevitable campanilla.

Pero se hacía tarde y era hora de partir. Como habíamos estacionado el auto a la entrada de la Plaza Bra, tuvimos que desandar el camino. Pero no nos importó. Nos sentamos a descansar en la terraza del mismo restaurante donde habíamos almorzado al llegar. Ordenamos unos *expressos* para despabilarnos. Todavía nos quedaban dos horas de carretera para llegar a Venecia. A la plaza seguían llegando turistas. Desde donde estábamos sentados los veíamos retratarse frente a la Arena para después, con los mapas de la ciudad en las manos, salir en busca de Romeo y Julieta. O de su leyenda. Quizás fue nuestra imaginación, pero cuando nos marchábamos, nos pareció escuchar: «En la hermosa Verona, donde acaecieron estos amores, dos familias rivales igualmente nobles habían derramado, por sus odios mutuos inculpada sangre. Sus inocentes hijos pagaron la pena de estos rencores, que trajeron su muerte y el fin de su triste amor».

VENECIA

La serenísima

Ya otros lo han dicho. No importa cuántas fotos o películas de Venecia uno haya visto. Nada prepara al visitante para el impacto visual que esta cautivadora ciudad provoca. Al menos, esa fue mi impresión la primera vez que la visité. Cuando el *vaporetti* deja atrás la laguna y enfrenta el Gran Canal, con la Plaza de San Marcos a la derecha y la blanquísima Basílica de Santa María della Salute a la izquierda, el deslumbramiento es inmediato. Y si es en horas de la tarde, cuando las leves tonalidades del sol suavizan su resplandor sobre las fachadas de los palacios que parecen flotar en las orillas, es amor a primera vista. Así le describí a mi hija y a su esposo la llegada a Venecia, una de las ciudades que pensábamos visitar en un viaje que comenzaría en Milán y terminaría en Roma, con paradas en Verona, Florencia, Pisa, Monterroso, Sorrento y Capri. Era un viaje que habíamos planeado con cuidado desde el año anterior. Mi esposa me había ayudado en los preparativos iniciales; fue ella la que sugirió incluir en el recorrido a Monterroso, uno de los cinco pueblos que componen la región de *Cinque Terre*, el secreto mejor guardado de Italia. Ya teníamos los pasajes sacados, el auto rentado, los mapas de las carreteras estudiados y los hoteles reservados. ¿Qué faltaba? Nada. Atravesar el Atlántico.

En el aeropuerto de Milán nos esperaba el auto. Por un momento, en uno de esos arranques de avaricia turística que lo hacen a uno querer verlo todo, pensamos aprovechar la oportunidad y quedarnos un par de horas para visitar la gótica Catedral del Domo, su Baptisterio y el teatro La Scala, situados todos en la misma plaza. Pero como no teníamos el mapa de la ciudad, decidimos no hacerlo. Así que nos encaramamos en la autostrada y en menos de cuatro horas llegamos a Venecia.

Bueno, es un decir. A Venecia no se puede llegar en auto. Hay un chiste que dice que las únicas ruedas que usted verá en Venecia son las de su maleta. Y es cierto. Hasta la policía y los paramédicos se desplazan en lanchas. Cuando se deja atrás la ciudad de Mestre, último pedazo de tierra firme, y se cruza el Puente de la Libertad, hay que dejar el carro en uno de los estacionamientos de la Piazalle Roma. Nosotros dejamos el nuestro en el Parqueo Municipal, que es bastante económico (15 Euros por día) y arrastramos las maletas hasta el embarcadero donde se puede tomar el *vaporetti* o un taxi acuático. Un consejo: tome un taxi que lo lleve directamente a su hotel utilizando los canales interiores. La diferencia de precios no es mucha y vale la pena. De lo contrario se verá como nosotros subiendo y bajando puentes con las maletas a rastro. No éramos los únicos. Por todas partes podían verse parejas arrastrando sus *carry on*. Y es que desde donde atracan los *vaporettis*, cualquiera que sea el lugar, hay que caminar hasta los hoteles.

El nuestro estaba en la Plaza Santa Marina, cerca del puente Rialto, uno de los lugares más emblemáticos de Venecia. Solo tres puentes cruzan el Gran Canal, y el Rialto es uno de ellos. Los otros dos son el de la Academia y el de los Descalzos, cerca de la estación de trenes. Como habíamos llegado casi al anochecer no era mucho lo que podíamos hacer. Así que después de dejar el equipaje y darnos una ducha, fuimos a cenar a uno de los tantos restaurantes que con sus mesas al aire libre se alinean a lo largo del Gran Canal en las inmediaciones del Rialto. Una advertencia: toda el área es una extendida trampa turística. Ya se sabe: el menú sobre un atril en la acera, los camareros asediando a los posibles comensales y una comida average. Sin embargo, fue una experiencia encantadora. Reminiscencias de Aznavour. ¿Quién se resiste al embrujo de cenar bajo el cielo veneciano con una buena botella de vino, el puente iluminado a lo lejos, la gente caminando sin prisa por el muelle y las góndolas navegando bajo la luna?

Después de la cena caminamos un poco por los alrededores del puente. A pesar de que estábamos en junio, una brisa fresca corría sobre los embarcaderos. Todavía algunas tiendas permanecían abiertas. Pero cuando nos adentramos en la ciudad de vuelta al hotel, comprobamos algo que yo había intuido en mi primer viaje. Y es esto: con excepción de sus principales plazas, iluminadas y llenas de turistas, Venecia de noche es oscura, casi desierta y laberíntica. Sus pequeños canales, solo alumbrados por las pobres luces de los puentes, pueden resultar fantasmagóricos cuando en el silencio de la noche sus aguas golpean con lentitud ominosa las paredes de los abandonados primeros pisos de las casas. Y es que Venecia, además de hundirse dos pulgadas cada diez años, se está despoblando por día. Decenas de miles de jóvenes se han mudado a la vecina ciudad de Mestre, menos histórica y patrimonial, pero más moderna e industrializada. Sin embargo, a pesar de ese fatalismo geográfico que amenaza su propia supervivencia física, y del éxodo generacional que socava sus fundamentos como sociedad, Venecia se resiste a desaparecer. Ya hay planes para que eso no ocurra. Así, con el esfuerzo de sus gobernantes y de la comunidad internacional, Venecia seguirá siendo *La Serenísima*.

Al otro día, bien temprano, nos dirigimos a la Plaza de San Marcos. Pensamos que a esa hora las colas para entrar a la Basílica no serían tan largas. Nos equivocamos. La Plaza de San Marcos está llena a todas horas. Y es que aquí se concentran las principales atracciones: la plazoleta que está frente al Gran Canal con las columnas del león alado y la de San Teodoro, la Basílica con su baptisterio, el Palacio Ducal con su Puente de los Suspiros, la Torre de la Campanilla y la Torre del Reloj con sus dos figuras de bronce golpeando en lo alto la campana. ¡Ah! Y las famosas palomas de San Marcos. Si no les tiene miedo, deles de comer y retrátese con ellas picoteando en sus manos. Son fotografías que atesorará para siempre.

No deje de entrar a la Basílica; es una visita primordial. Su interior, por los mosaicos que adornan el domo principal y sus cúpulas laterales, resplandece en múltiples tonos dorados. Uno de los mosaicos recrea la entrada del cuerpo de San Marcos a Venecia, que según la leyenda, fue recuperado en Alejandría y regresado a la ciudad, oculto en un barril. Desde entonces, los restos del santo evangelista se encuentran en una urna sobre la mesa del altar mayor. Afuera, en la fachada principal, los famosos cuatro caballos de bronce (Cuadriga Triunfal) parecen proteger la basílica desde el atrio. Otra advertencia: si piensa entrar, recuerde que hay estrictas normas en el vestir. No se permiten pantalones cortos, ni camisetas, y las mujeres deben tener cubiertos los hombros.

Casi frente a la Basílica se encuentra la famosa Campanilla, desde cuya altura puede verse toda la ciudad de Venecia. La vista es impresionante. No deje de subir para que pueda ver el Gran Canal en toda su serpenteada extensión. A diferencia de otras torres italianas, en esta no hay tortuosas escaleras de caracol. Se llega al último piso en un moderno ascensor. En cada uno de los miradores laterales hay información sobre los diferentes puntos de interés de esa parte de la ciudad. Pero más que una oportunidad para aprender historia, es una ocasión única para disfrutar vistas espectaculares. No olvide su cámara fotográfica.

Cuando baje de la Campanilla no deje de visitar el Palacio Ducal. Es algo que vale la pena. No solo por la magnificencia de sus salones, donde pueden verse numerosas pinturas del Tintoreto, sino por su importancia en la historia política de la República Marítima. Aquí están las habitaciones privadas de los Dogos, así como las cámaras de tortura donde los prisioneros eran interrogados antes de ser enviados, a través del Puente de los Suspiros, hacia la cárcel contigua. Pero nosotros no entramos. Como siempre, el tiempo no alcanza nunca en estos viajes. Y es que todavía queríamos caminar hasta el Puente de la Academia para cruzar hacia el barrio de Dorsoduro, donde se encuentra la Basílica de la Salud, menos lujosa que la de San Marcos, pero muy cerca del corazón de los venecianos por haber sido construida para dar gracias a la Virgen por poner fin a la epidemia de 1630.

Santa María della Salute se alza majestuosa en la entrada del Gran Canal. Su construcción comenzó en 1631, un año después de la plaga, y demoró medio siglo en ser terminada. Como dije, esta Basílica no tiene el esplendor de la de San Marcos, pero la armonía arquitectónica de sus cúpulas semiesféricas y la inmaculada blancura de sus exteriores, hacen que resalte a la vista de los visitantes. Su cúpula principal, de sesenta metros de altura, está rodeada en su parte inferior de amplios ventanales por donde entra la luz. Su altar está adornado con estatuas de mármol que representan el fin de la peste. En su centro hay una imagen de la Virgen de la Salud.

Antes de regresar al hotel decidimos dar el paseo en góndola que teníamos pendiente. Habíamos pensado hacerlo en la noche, pero la experiencia nocturna del día anterior nos hizo desistir. Hay dos estaciones principales donde se puede alquilar una góndola: San Marcos y el Rialto. Pero nosotros encontramos una a medio camino del hotel y el precio, sin regatear, era el mismo que el de las otras. Como estábamos en un canal interior, lo que hicimos fue asegurarnos que el paseo incluía también una vuelta por el Gran Canal. Y es que si la góndola no sale al Gran Canal, la experiencia no vale la pena. Ni aunque el gondolero cante. El nuestro no cantaba, pero se comportó como un verdadero guía, dándonos información de todo tipo y enseñándonos los principales palacios, como el Cá d' Oro (Casa de Oro) y el Cá Rezzonico, sede del museo del '700 veneciano, así como las casas donde vivieron figuras famosas, entre ellas la de Goethe.

Pero el viaje llegaba a su fin. Al otro día dejamos Venecia. Esta vez tomamos un taxi acuático que nos recogió en un embarcadero que había detrás del hotel. No más sube y baja escaleras con las maletas a cuesta. Fue una despedida alegre. Y luminosa. Era temprano en la mañana y Venecia despertaba a la vida. Pudimos ver toda la actividad comercial del Gran Canal: las lanchas descargando los productos, los *vaporetti* transportando a la gente a sus trabajos, los taxis con ejecutivos de cuello y corbata parados en la cubierta, los amigos saludándose de una lancha a la otra. En fin, lo que los venecianos han estado haciendo durante siglos. Antes de que el taxi tomara un canal interior que desembocaba en la Piazalle Roma, miramos hacia atrás y nos despedimos en silencio de esta incomparable ciudad.

MURANO Y BURANO

Del cristal al encaje

Casi frente por frente a la Plaza de San Marcos, al otro lado del Gran Canal, se encuentran las islas de Giudecca y Lido. En la primera de ellas, que es la más grande de todas, se dice que Miguel Ángel vivió exilado durante mucho tiempo. La segunda, famosa por sus playas, es donde todos los años se celebra el Festival Internacional de Cine. Sin embargo, a pesar del posible interés histórico de una y el *glamour* anual de la otra, no son las islas más visitadas de Venecia. Por el contrario, lo son unas que se encuentran frente al otro extremo de la ciudad, en el noroeste de la laguna, a poca distancia unas de otras. Son las islas de Murano, Burano y Torcello.

Como en visitas anteriores nunca habíamos tenido tiempo de visitarlas, esta vez, apenas dejamos las maletas en el hotel, salimos rumbo al embarcadero de Fundamenta Nuove, que es de donde salen los vaporettos de las líneas 41 y 42, con rumbo a Murano. Unos amigos nos habían explicado que esa era la mejor manera de llegar a las islas –un viaje de solo quince minutos– pues si tomábamos el vaporetto en la parada de San Marcos o en la de Zaccaría, nos demoraríamos casi una hora en arribar. Por suerte, nuestro hotel, el Scandinavia, estaba situado en la Plaza de Santa María Formosa, cerca del embarcadero de Fundamenta Nuove. Con un mapa de la ciudad en la mano –a veces no sirven de mucho– llegamos enseguida a la iglesia de San Juan y San Pablo y de allí, en menos de diez minutos, a la parada del vaporetto donde compramos, siguiendo también la sugerencia de nuestros amigos, un boleto para todo el día. Y es que como pensábamos visitar las tres islas, nos resultaba más económico que comprar un boleto para cada viaje. Pagamos los quince Euros que costaba, y a Murano nos fuimos.

Para nuestro asombro, la primera parada no fue en Murano, sino en una isla que no sabíamos ni que existía: Cimitero. Pudimos habernos bajado –después de todo, teníamos un boleto múltiple– pero no estaba en nuestros planes hacerlo y no sabíamos (debimos haberlo imaginado pues varias personas desembarcaron con ramos de flores en las manos) qué encontraríamos allí. Después lo supimos: Cimitero es el cementerio de Venecia desde 1806 cuando Napoleón decretó que no era higiénico enterrar los muertos dentro de los límites de la ciudad. En la isla, que está dedicada a San Miguel, reposan los restos de cinco generaciones de venecianos, así como los de varios extranjeros ilustres, como Igor Stravinsky y Ezra Pound. Después de esa breve parada, el vaporetto siguió rumbo a Murano.

Murano es famoso, no por sus canales –que también los tiene– sino por sus fábricas de cristal que, por una ley de 1292, fueron trasladadas –después de varios devastadores incendios– desde el centro de Venecia a la isla. Objetos de cristal de Murano se pueden comprar en todas partes del mundo, pero se corre el riesgo de que sean fabricados...en China. Es fácil –y más económico– comprarlos en Murano. Y es que desde que uno llega a la parada de Colonna, que es uno de los embarcaderos de la isla, los letreros van dirigiendo al visitante hacia la llamada Vía Fundamenta Vetrai, donde están las fábricas de cristal. La mayoría de ellas ofrece una demostración gratis donde puede verse la manera en que los artesanos «soplan» el cristal y crean hermosas figuras ornamentales. Una vez terminada la demostración, los visitantes son llevados –en realidad, es más bien una encerrona– a los salones de exhibición donde los recibe un grupo de expertos vendedores. Nada malo en ello si usted pensaba, desde el primer momento, hacer sus compras allí. Y si solo entra para ver la demostración, no hay nada malo en ello tampoco. Soporte el *sales pitch* durante diez o quince minutos –no es obligatorio comprar– y siga su camino por la misma Vía Fundamenta Vetrai, que va bordeando un pequeño canal, hasta llegar a la iglesia de San Pedro Mártir, en cuyo interior es posible ver pinturas de Bellini, Tintoretto y el Veronés.

Al salir de la iglesia camine un par de cuadras hasta el llamado Gran Canal de Murano que atraviesa la isla en dos. Y aunque no es comparable con el Gran Canal de Venecia, es una vía acuática de mucha actividad. El puente que lo cruza es una estructura de metal de color verde que da acceso a la parte norte de la isla, donde se encuentra el Museo del Cristal. Al cual, no entramos. No solo porque no disponíamos de mucho tiempo, sino también porque cobraban por entrar. Lo que hicimos fue seguir caminando hasta la Basílica de Santa María y Donato, otra de las iglesias de Murano, y de ahí hasta el área del llamado «canal de las fábricas», para comprar algunos regalos. Después nos dirigimos hasta el embarcadero del Faro, que es desde donde salen los vaporettos hacia Burano.

Burano es famoso por sus encajes y por sus coloridas casas. No tiene la importancia de Venecia ni de la misma Murano. En realidad, es una pequeña villa de pescadores que solo tiene algún movimiento –gracias a los turistas– durante el día. Y como no sea por sus fábricas de encajes y por sus casas, que a lo largo de los canales semejan un extendido mural de múltiples colores, no hay mucho que ver. Al igual que Murano, también tiene su museo. En este caso, el Museo del Encaje, que aunque pequeño, también cobra la entrada. La mejor manera de recorrer la isla es caminar desde la parada del vaporetto hasta la Plaza Galuppi, donde está la iglesia de San Martino y la llamada Torre Inclinada, cuya caída –menor que la de Pisa– solo es posible comprobar desde lejos. Después de caminar un poco por la plaza y de entrar a algunas de sus tiendas, nos dirigimos hacia un tranquilo *promenade* que corre a lo largo de la laguna y donde algunos turistas, sentados en el césped y como si estuvieran de picnic, almorzaban emparedados, frutas y vinos. En el camino de vuelta, entrando y saliendo de sus callejones, volvimos a ver las coloridas casas que tanto aprecian los pintores y los fotógrafos y aprovechamos para tomar un refrigerio ligero en uno de los muchos restaurantes que se alinean a lo largo de los canales (ordenamos una pizza y dos cervezas) pues planeábamos cenar esa noche en Venecia con unos amigos que también estaban de visita.

Al llegar al embarcadero (en Burano hay uno solo) para ir a Torcello, comprobamos que eran pasadas las cuatro de la tarde y decidimos regresar a Venecia. Nos interesaba visitar Torcello, pues sabíamos que, aunque es la menos desarrollada de las tres islas, allí podríamos ver la edificación más antigua de toda la laguna: la catedral de Santa María de la Asunción, fundada en el siglo VI. Pero tampoco queríamos que nos cogiera la noche en una isla casi despoblada. Así, en lugar de tomar el vaporetto que salía para Torcello, tomamos el que iba rumbo a Venecia. Desde la popa de la embarcación, a lo lejos, pudimos ver como la Torre Inclinada de Burano se desvanecía en la distancia. De repente, antes de que pudiésemos darnos cuenta, el León Alado de la Plaza de San Marcos apareció en el horizonte y comenzamos a ver, otra vez, las góndolas navegando por el Gran Canal. Atrás quedaban las islas. Habíamos llegado a nuestro destino inicial: la Serenísima. De donde partiríamos, al día siguiente, hacia Florencia

FLORENCIA

Cuna del Renacimiento

Cuando uno piensa en Florencia, piensa en arte. Y cuando uno piensa en Florencia y en arte, piensa en el Renacimiento. Y en los Médicis, que lo hicieron posible. Y claro, en los grandes artistas y sus imperecederas obras. De Miguel Ángel, el *David*; de Botticelli, *El nacimiento de Venus*; de Donatello, *La anunciación*; de Ghiberti, *Las puertas del Paraíso*; y de Giambologna, *El rapto de las sabinas*. Es tanto el arte en esta ciudad, que alguien la describió alguna vez como un museo gigante. Dicen que el escritor francés Stendhal, abrumado por tanta belleza artística, enfermó la primera vez que la visitó. Desde entonces, ese agotamiento físico que ocasiona el arte en exceso, se conoce como *stendhalismo*.

Pero no hay que enfermar en Florencia. Todo lo que usted tiene que hacer es dosificar su exposición al arte. Visite sus museos y catedrales, pero disfrute también de sus tiendas y restaurantes. No deje de visitar las tumbas de Dante y Maquiavelo, pero al salir de la iglesia tómese un *gelatto* de fresa en la Plaza de la Santa Cruz y aproveche que en esa misma plaza están las tiendas que se especializan en productos de piel y cómprele un buen par de zapatos italianos a su esposa. Vaya al Museo de la Academia y extasíese frente al recientemente restaurado *David*, pero camine después hasta el Puente Vecchio y admire la vista del río Arno al atardecer. Maravíllese frente a la Fuente de Neptuno, de Ammannati, en la Plaza de la Señoría, pero no deje de probar una *pappa al pomodoro* (sopa de tomate y pan), una especialidad de la cocina florentina que puede ordenarse como *primmi piatti* en cualquiera de los restaurantes que rodean esa plaza. No olvide ordenar también uno de sus excelentes chiantis. Lo que quiero decir es esto: Florencia es depositaria de grandes tesoros artísticos de la humanidad, pero es también una hermosa ciudad por sí misma, acogedora y repleta de amenidades. Disfrute lo mejor de ambos mundos. Como hice yo en mi última visita.

Habíamos salido de Venecia en la mañana y antes del medio día ya estábamos entrando a Florencia. Un consejo: si llega en auto, lo mejor es estacionarlo enseguida en algunos de los parqueos que están en los alrededores de la estación de trenes. No lo va a necesitar. Florencia es una ciudad con mucho tráfico y en la zona del centro histórico no los dejan transitar. Nuestro hotel no tenía parqueo propio, pero ellos se ocuparon de llevarnos el auto a uno que solo cobraba 15 Euros por día. Después de dejar las maletas en la habitación, iniciamos nuestro recorrido. Queríamos aprovechar lo que quedaba de la tarde y comenzamos por la Basílica de Santa María de la Novella, situada en la plaza del mismo nombre, y que quedaba justo frente a nuestro hotel. Construida en 1246 por los frailes dominicos, esta Basílica no puede compararse con la Catedral de Santa María de la Flor. Ni en tamaño ni en esplendor. Pero su fachada, aunque pequeña, es similar. Está situada frente a una hermosa fuente y en su interior pueden admirarse, en la llamada Capilla Mayor, dos grandes frescos con las *Historias de San Juan Bautista* y las *Historias de la Virgen*, ambos de Domenico Ghirlandaio.

A menos de seis cuadras de Santa María de la Novella está la Plaza del Domo, la más visitada de Florencia. Aquí está la Catedral, el Campanario de Giotto y el Baptisterio. Lo primero que hicimos, antes de entrar a la Catedral, fue tomar fotos de su imponente fachada. Desde cualquier ángulo, el contraste entre sus mármoles blancos, rosados y verdes, hacía resaltar la simetría de sus puertas, arcos y rosetones. Es una de las iglesias más grandes del mundo. Su construcción comenzó en 1296 y terminó en 1436, y es considerada una joya arquitectónica;

sobre todo su cúpula, la obra más excelsa de Brunelleschi y en la que Miguel Ángel se inspiró para construir la de San Pedro, en Roma. A un costado de la entrada principal, se encuentra el Campanario de Giotto, revestido también de mármol y totalmente decorado con recuadros hexagonales en relieve representando la vida del hombre en la creación. Tiene una altura de más de 270 pies y se puede subir hasta el tope a través de una escalera que tiene exactamente 414 escalones. La vista, si sobrevive el ascenso, es espectacular.

Frente a la Catedral y al Campanario está el Baptisterio de San Juan. Este edificio octagonal, construido entre los siglos XI y XII, es la estructura más antigua de Florencia. No deje de admirar las tres puertas de bronce hechas por Ghiberti representando escenas del Antiguo y Nuevo Testamento. Dicen que Miguel Ángel, al verlas, exclamó: «Estas puertas están hechas para el Paraíso». Desde entonces, es así como se les conoce.

La tercera parada fue en la Plaza de la Señoría, una de las más bonitas de Florencia. Aquí se encuentra la estatua ecuestre de Cosme I de Médicis; el Palacio Viejo, con su inconfundible Torre de Arnolfo; la controversial Fuente de Neptuno, a la que los florentinos llaman despectivamente «esa cosa blanca»; el Pórtico de los Lansquenetes, que alberga casi al aire libre una serie de importantes esculturas, entre las que se encuentra el célebre *Perseo*, de Cellini; y *Hércules* y el *Centauro*, de Juan de Bolonia; y la Galería Uffizi, donde se encuentra la colección de arte de los Médicis, donada a la ciudad en 1743 por Ana María Ludovica, último descendiente de la familia.

De la Plaza de la Señoría fuimos a ver el Puente Vecchio, el más antiguo de la ciudad. Construido en 1220, es el único de la época medieval que permanece intacto; los alemanes volaron los demás cuando, ante el avance de las tropas aliadas, se retiraban en 1944. Es diferente a los otros porque solamente tiene tres arcadas abiertas al río; el resto de la estructura está cerrada por pequeñas casas que lo bordean, tan diferentes entre sí, que son las que le otorgan esa pintoresca diversidad arquitectónica que lo distingue. Sobre las casas se encuentra el Corredor Vasariano, que el arquitecto Vasari edificó para que Cosme I pudiese llegar al Palacio Pitti, desde el Palacio Viejo, sin ser molestado por los que caminaban por el puente.

Como el Palacio Pitti se encuentra al otro lado del puente, nosotros también lo atravesamos para verlo. Pero no entramos. ¿A quién se le ocurre, casi a las seis de la tarde, entrar a un gigantesco palacio florentino que alberga cinco museos? El Pitti es un palacio de inmensas proporciones, solo comparable al de Versalles. Mandado a construir en 1458 por la familia Pitti, rival de los Médicis, fue diseñado por Brunelleschi. Sin embargo, no fue hasta 1549 que adquirió sus dimensiones actuales cuando Eleonora de Toledo, esposa de Cosme I, lo compró y ordenó su ampliación porque el Palacio Viejo ya le resultaba pequeño. Posteriormente, cuando Florencia se convirtió en capital del naciente reino de Italia en 1865, fue la residencia real de los Savoy. Antes de emprender el camino de regreso al hotel, tomamos unas cuantas fotos de este impresionante palacio. Ya casi era de noche y la ciudad comenzaba a iluminarse. Los puentes resplandecían sobre el Arno.

Al otro día, temprano, fuimos hasta la Galería de la Academia. La fila para entrar era de más de tres cuadras y le daba la vuelta al edificio. Por un momento pensamos no entrar; pero decidimos que valía la pena esperar. Nos colocamos al final de la línea y para sorpresa nuestra, en menos de una hora, ya habíamos entrado. La Galería de la Academia es una visita obligada en Florencia. Y es que aquí está una de las grandes obras maestras del Renacimiento: el *David* de Miguel Ángel. Están también sus cuatro estatuas inconclusas, llamadas los *Prisioneros*, que supuestamente decorarían la tumba del Papa Julio II pero que terminaron adornando los jardines de Boboli.

De la Galería de la Academia fuimos hasta la Plaza de la Santa Cruz, donde se encuentra la Basílica del mismo nombre. Diseñada por Arnolfo di Cambio en 1294, fue construida sobre una antigua capilla franciscana, terminada hacia 1385, y consagrada en 1443. Es un monumento único, no solo por la pureza de su estilo gótico, sino también por las obras de arte que encierra y por su importancia histórica. Aquí están enterrados los florentinos más prominentes de los últimos 500 años. El piso de la basílica, desde la entrada hasta casi el altar mayor, está pavimentado con sus tumbas. Y también sus paredes. En la pared izquierda, al entrar, está la tumba de Galileo Galilei. Y a la derecha, entre el primer y segundo altar, se halla la de Miguel Ángel. Le sigue la de Dante Alghieri. Y después del cuarto altar, se encuentra la de Maquiavelo. Y si esto no fuera suficiente razón para visitar la Santa Cruz, están los llamados Trescientos Frescos, sobre todo los de Giotto que están en la capilla central, y los de la Capilla Bardi, entre los que se encuentra el de *San Francisco en su lecho de muerte*.

Cuando salimos de la Basílica de la Santa Cruz ya eran casi las cuatro de la tarde. Habíamos planeado visitar también las Capillas Mediceas, donde están los sepulcros de la familia Médicis, y el Palacio del Bargello, donde está el Museo Nacional. Pero cuando consultamos el mapa, nos dimos cuenta que estos dos lugares estaban muy distantes uno de otro. Así que nos decidimos por el Palacio del Bargello, no solo porque era el que más cerca estaba, sino también porque estaba situado a un costado de la Plaza de la Señoría, donde pensábamos cenar esa noche.

El Palacio del Bargello, erigido en 1255 casi como una fortaleza para residencia del Capitán del Pueblo puede ser visto, gracias a su alta torre almenada, desde cualquier punto de la ciudad. Durante algún tiempo fue utilizado como prisión y muchos detenidos fueron torturados junto a un pozo que se halla en el centro del patio. Hoy alberga el Museo Nacional del Bargello, donde se encuentra una de las colecciones más grandes de esculturas renacentistas. Solo visitamos la Sala del Cinquecento, repleta de las primeras esculturas de Miguel Ángel, como la del Baco, hecha cuando el artista solo tenía 22 años de edad; la de Bruto y el Tondo Pitti, con la Virgen que está enseñando a leer al Niño y a San Juan Bautista. En la misma sala se pueden observar también obras de Ammannati, Juan de Bolonia, Danti y Cellini. Pero como no queríamos enfermar de *Stendhalismo*, salimos a una estrecha calle que está detrás del museo. A solo unas cuadras, en un restaurante con terraza en la Plaza de la Señoría, unos deliciosos *spaghetti allo scoglio* (spaghetti con mariscos) esperaban por nosotros. Anochecía, y mientras un grupo de alegres turistas españoles atravesaba la plaza entonando sevillanas, nosotros descorchábamos una segunda botella de Vernaccia di San Gimignano, el mejor vino blanco de la Toscana. Así nos despedimos de Florencia: arte en la tarde y buena mesa en la noche. Lo mejor de ambos mundos. Una despedida inolvidable.

PISA

Más allá de su Torre Inclinada

Si los turistas que visitan Pisa dispusiesen de tiempo, comprobarían que además de su famosa torre inclinada, la ciudad tiene otros lugares de interés que merecen ser visitados. Y no me refiero a la Catedral del Domo ni al Baptisterio, que están precisamente junto a la torre, sino a la Piazza dei Cavalieri, por ejemplo, con su fino palacio renacentista Orologio y su Escoula Normale Superiore, fundada por Napoleón en 1810 y donde los estudiantes pueden matricular carreras en literatura, filosofía, matemáticas y ciencias. O al Museo Nacional de San Mateo, justo en la rivera norte del río Arno, que alberga importantes obras de arte de la época romana.

Pero los turistas que visitan Pisa nunca disponen de tiempo suficiente. Lo digo por experiencia, pues la primera vez que la visité fue en un *tour* con un itinerario tan apretado, que cuando el ómnibus estacionó a un costado de la plaza por quince minutos, nos dimos cuenta de que si íbamos al baño no podíamos retratarnos frente a la torre. Una de dos. ¿Almorzar? *Forget it*. Era uno de esos *tours* que incluía Italia, Francia y España: 18 ciudades en catorce días. Así lo anunciaban. Una locura. Por eso en esta segunda ocasión fui por mis medios. Aunque tampoco dispuse de mucho tiempo. Y es que nadie pernocta en Pisa. Todos paran solo un momento, en camino hacia otras ciudades.

Nosotros íbamos de Florencia hacia Monterosso, en la zona de Cinque Terre, y Pisa era una especie de comodín con triple propósito: ir al baño, almorzar y recorrer la ciudad en tres horas. Al menos, esos eran los planes. Y se cumplieron. Así, estacionamos el auto a un costado del Campo de los Milagros, que es donde están las principales atracciones. Antes de llegar a la torre, está el Baptisterio, de estructura gótica como el de Florencia, pero sin la magnificencia que a este último le brindan sus puertas doradas. Pero no por eso deje de entrar; aunque solo sea por ver su famoso púlpito hexagonal, esculpido en mármol por Nicola Pisano con escenas de la Crucifixión y el Juicio Final. Si se fija, a muchos de los ángeles del conjunto les falta la cabeza. Nadie pudo explicarnos las causas de esas múltiples decapitaciones. Un portero, sin darle importancia a la pregunta, aventuró una explicación: «Son los años», dijo. Considerando que fue construido en 1255, debe tener razón. Las columnas que lo sostienen son estatuas que representan las Virtudes. Antes de salir, párese en el centro del salón y compruebe el eco. Diga su nombre en voz alta y sentirá sus efectos. No tenga pena; muchos turistas lo hacen. Es algo que los mismos guías sugieren hacer.

Frente al Baptisterio está la Catedral, diseñada por Buschetto en 1063, pero restaurada en el siglo XIII por Rainaldo cuando se construyó su actual fachada, con los famosos arcos que disminuyen en tamaño a medida que ascienden y que la diferencian del resto de las iglesias italianas. Tiene tres puertas de bronce que remplazaron a las originales, destruidas durante un fuego en 1595. La de más valor artístico es la de San Ranieri, hecha por Bonnano Pisano en 1180, la única que sobrevivió el terrible incendio. En su interior puede admirarse, como en el Baptisterio, un púlpito parecido pero poligonal. Sus pilares son de pórfido y las columnas también representan las Virtudes. Las similitudes entre ambos púlpitos son evidentes. Quizás se deba al hecho de que el de la Catedral fue hecho por Giovanni, hijo de Nicola Pisano, que fue el que hizo el del Baptisterio. También puede verse la lámpara que se dice usó Galileo para formular sus leyes del péndulo, así como el conocido cuadro de Andrea del Sarto, *Santa Ana y el cordero*.

A un costado de la Catedral se encuentra el cementerio, diseñado por Giovanni di Simone en 1278. Este camposanto era famoso por su colección de frescos, pero durante la Segunda Guerra Mundial muchos fueron destruidos por una bomba que cayó en la galería central. Todavía quedan algunos del siglo XIV, como *El triunfo de la muerte*, *El Juicio Final* y el llamado *Infierno*, con su cuota de calderas hirvientes. Nosotros no entramos porque estaba cerrado, pero desde la puerta podía verse, casi en su totalidad, el largo pasillo que alberga los sarcófagos, las estatuas y los frescos.

Desde el cementerio se puede, bordeando la Catedral, salir directamente a la torre, la atracción más visitada de la Plaza del Domo. Concebida por Bonnano como un campanario independiente de la iglesia, su construcción comenzó en 1174 solo para ser interrumpida antes de que llegara al tercer piso porque se estaba inclinando. Fue entonces cuando se dieron cuenta de que sus cimientos no descansaban sobre rocas sólidas. La construcción fue suspendida y no comenzó hasta un siglo después. Pero siguió inclinándose hasta alcanzar 14 pies desde la perpendicular. Lo que no impidió que durante muchos años los visitantes siguieran subiendo hasta el último piso. En 1990 fue cerrada al público como medida de precaución. Desde esa fecha estuvieron sacando toneladas de tierra de los cimientos y colocando contrapesos en su base para hacerla más segura, hasta que reabrió sus puertas en 2002.

Después que le dimos la vuelta a la Catedral, llegamos a la torre. Estaba, como siempre, repleta de público. Mientras esperaban para subir, los turistas le tomaban fotos desde todos los ángulos posibles. Muchos posaban ante ella fingiendo que la sostenían con sus manos, un truco fotográfico que se logra fácilmente encuadrando el lente y tirando la foto desde cierta distancia. Nosotros también lo hicimos. Esa tarde, un ambiente de feria predominaba en el área alrededor de la torre. La gente se veía alegre. Los niños corrían por el césped. Los adultos compraban helados. Era como si después de tanta historia y tanto arte, la solemnidad de la catedral se convirtiese en euforia de parque temático. No más biografías de pintores o arquitectos famosos. No más cementerios con muertos ilustres. Los quioscos turísticos que estaban a lo largo de la calle que bordea la plaza, ayudaban a que el pasado se convirtiera en presente. La famosa Torre Inclinada de Pisa, uno de los *landmarks* más reconocibles de Italia, se vendía allí en todas sus formas: llaveros, postales, pisapapeles, platos decorativos, pañuelos impresos y magnetos. Un símbolo histórico convertido en baratija. El signo de los tiempos.

A la torre se sube por tandas. Cuando fuimos a comprar los boletos nos dijeron que la tanda anterior había acabado de subir. Teníamos que esperar casi dos horas. Esta vez no estaba en un *tour* de itinerario apretado, pero al igual que en aquella ocasión, debía escoger entre una cosa o la otra. Una de dos. Almorzábamos o subíamos a la torre. Todavía nos quedaban tres o cuatro horas de carretera para llegar a Monterosso. Sabíamos que el hotel estaba en la cima de una montaña y no queríamos llegar de noche porque era peligroso. ¿Qué hacer? Fue una decisión colectiva. Almorzaríamos y no subiríamos a la torre. Nos contentaríamos con sus fotos. Y con el recuerdo de haber estado frente a ella.

Almorzamos en un pequeño restaurante a la entrada del Campo de los Milagros. Como todavía disponíamos de algún tiempo, lo aprovechamos visitando brevemente el Museo de la Ópera del Domo, donde están todas las obras de arte que fueron removidas de la Catedral, el Baptisterio y el cementerio. La más importante de ellas, la escultura, *Madona y el Crucifijo*, esculpida en marfil por Giovanni Pisano en 1299, se encuentra en la planta baja. El segundo piso está dedicado al arte egipcio, romano y etrusco. Eso era todo. Y es que el Museo de la Ópera del Domo es pequeño en comparación con los que habíamos visitado en Florencia. Además, ya era hora de partir.

Para recoger el auto, que habíamos estacionado a la entrada del Campo de los Milagros, debíamos desandar el camino y pasar otra vez frente a la Catedral, el Baptisterio y la Torre. Todavía la plaza estaba llena de visitantes. Más ómnibus de turismo seguían llegando. Antes de salir, nos volteamos para ver la Torre por última vez. Los turistas continuaban subiendo. En lo alto del mirador podían verse sus diminutas figuras moviéndose. Desde donde estábamos, la inclinación de la torre era perfectamente visible en la distancia. ¿Estaría más inclinada que cuando llegamos? No. La inclinación era la misma. La misma que tenía hace ochocientos años. La misma que seguirá teniendo. Al parecer, hasta la eternidad.

CINQUE TERRE

El secreto mejor guardado de Italia

Desde la cima de una de las colinas que rodean Monterosso, el Golfo de Génova semeja una infinita planicie azul. Hacia el oeste, donde comienzan los acantilados, un pedazo de playa se extiende de una punta del pueblo a la otra, entre dos farallones, formando una curiosa media luna de arena blanca. A lo largo de la avenida principal, que corre sobre los promontorios de la playa, se alinean tiendas y restaurantes. En las laderas de los cerros, entre los viñedos, hermosas villas pintadas de blanco parecen colgar de los salientes. Y a lo lejos, donde los riscos de la costa desaparecen en la bruma, se adivinan los otros pueblos que forman la región de Cinque Terre, el secreto mejor guardado de Italia. Se trata de Monterosso, Vernazza, Riomaggiore, Manarola y Corniglia. Lugares que, aunque solo fuese por la sonoridad de sus nombres, valdría la pena visitar. Así, en ese orden. Como hicimos mi esposa y yo el año pasado.

    Habíamos llegado a Monterosso la noche anterior, manejando desde Florencia, con una breve parada en Pisa para almorzar. Nuestro hotel, el Suisse Bellevue, estaba en lo alto de una colina frente al mar, desde donde ahora contemplábamos el litoral de Liguria, mientras esperábamos el transporte para bajar a la villa. Sabíamos que la mejor manera de recorrer los cinco pueblos de Cinque Terre era tomar como base uno de ellos y, a partir de ahí, visitar los demás. Sabíamos también que hay varias formas de hacerlo: caminando por los senderos que serpentean sus laderas, tomando el tren que los enlaza a través de túneles en sus montañas, o utilizando las lanchas que cada una hora zarpan de sus embarcaderos. Pero no sabíamos dónde comenzar. Solo después de consultar un mapa y comprobar los itinerarios de los trenes y las lanchas, fue que decidimos usar una combinación de los tres medios.

En la mañana del primer día recorreríamos Monterosso, y después tomaríamos un tren hasta Vernazza. Al igual que los otros pueblos, Monterosso es pequeño. Pero de los cinco, es el que tiene más tiendas, hoteles y restaurantes. Y las mejores playas. Los turistas europeos, que son la mayoría, pasan el día bañándose en ellas y tirados en las tumbonas tomando el sol. Hay que recordar que la zona de Cinque Terre, apenas conocida en los Estados Unidos, es considerada una especie de extendido *resort* para actividades al aire libre: natación, buceo y senderismo. Pero nosotros ni nos detuvimos allí. Seguimos caminando hacia la marina, desde donde puede verse el famoso Gigante de Fegina, una colosal estatua de catorce metros de alto representando al dios Neptuno, hecha por el escultor Minerbi, y hoy parcialmente destruida. Cuentan que en sus días de gloria, además de un tridente, el gigante sostenía en sus manos una gran concha sobre la cual se extendían los jardines de la espléndida Villa Pastine.

Monterosso está dividido en dos partes: la colina de San Cristóforo y la parte vieja de la villa, todavía protegida por las rocas que la rodean. Aunque aquí no hay sitios históricos que visitar, hay un par de lugares que merecen la pena. El convento de los Monjes Capuchinos es uno de ellos; el otro es el llamado Castillo, antiguo núcleo fortificado, hoy convertido en el cementerio del pueblo. Pero nosotros no queríamos visitar iglesias ni castillos. Veníamos de Florencia, saturados de catedrales y campanarios, y lo que en verdad necesitábamos era un paréntesis de belleza natural. Precisamente lo único que Cinque Terre, declarada recientemente Parque Nacional, tiene para ofrecer. Así que después de almorzar, tomamos el tren hacia Vernazza, donde habíamos planeado ver su famosa puesta del sol.

Vernazza es la más pintoresca de las «cinco tierras». Como su estación de trenes está en lo alto del pueblo, es necesario bajar por sus estrechas calles hasta el muelle. No hay otra manera de llegar hasta allí. Lo cual es bueno, porque el recorrido permite palpar la cotidiana serenidad de la vida de sus habitantes. Las amas de casa escogen sus frutas bajo los toldos de los pequeños comercios y los ancianos conversan entre ellos sentados frente a las puertas de la iglesia. Como en las viejas películas de Vittorio de Sica.

Todas las casas de Vernazza están pintadas con los típicos colores pastel de la zona. Sin embargo, no hay monotonía en sus fachadas. La variedad de los tonos impide una posible uniformidad cromática. Además, las macetas con flores en los balcones le añaden colorido a sus viejos edificios. Al final de la calle principal está la plaza, un pequeño embarcadero y un pedazo de playa. Está también la iglesia de Santa Margherita di Antiochia y las ruinas del antiguo Castillo de Doria, bastión defensivo de la villa contra las incursiones sarracenas, hoy convertido en un mirador. Alrededor de la plaza hay varios restaurantes con terraza mirando al mar, desde los que se puede contemplar la puesta del sol. Un atardecer siempre es hermoso en cualquier parte del mundo. Pero este me pareció especial. Justo cuando el sol desaparecía detrás de las colinas que rodean la playa, terminábamos de cenar. La noche se nos vino encima caminando de vuelta hacia la estación de trenes.

Al día siguiente, en Monterosso, abordamos la lancha que nos llevaría hasta Riomaggiore, el último de los pueblos de Cinque Terre, para regresar caminando por la Via dell' Amore hasta Corniglia, con una parada en Manarola. Allí tomaríamos el tren de vuelta a Monterosso para completar el ciclo.

Antes de llegar a Riomaggiore, la lancha atraca en Corniglia y Manarola. Algunos pasajeros desembarcan; otros abordan. Un consejo: siéntese en la cubierta; si es posible en la misma proa. La vista de Cinque Terre desde el mar es impresionante. Son más de quince millas de costa entre acantilados que se precipitan verticalmente en las aguas, dársenas ocultas y colinas sembradas de vides, castaños y olivos, a las que solo es posible llegar a través de milenarios caminos de piedra. El contraste entre el mar, las rocas y los sembradíos, le otorga a las villas una característica única.

Cuando llegamos a Riomaggiore lo primero que hicimos fue comprar comestibles para almorzar en el camino. Unos amigos que habían hecho el mismo viaje nos dieron la idea. Así que entramos a un pequeño mercado y compramos pan, jamón, quesos, uvas, y una botella de vino. Solo nos hubiera hecho falta una cesta de mimbre y un mantel a cuadros para que el *picnic* fuese completo. Pero tuvimos que conformarnos con las bolsas plásticas que nos dieron en el mercado. Por un momento pensamos caminar un poco por el pueblo y visitar la iglesia de San Giovanni Battista, pero en Riomaggiore todas las cosas parecen estar en la punta de un acantilado, y para llegar a ellas hay que subir estrechas y empinadas callejuelas. Como nos esperaba una larga caminata hasta Corniglia, no subimos. Nos contentamos con dar unas cuantas vueltas alrededor del muelle antes de dirigirnos a la Via dell' Amore y comprar los boletos de entrada. Sí, hay que pagar para poder transitar por el amor.

Pero vale la pena. La Via dell' Amore, aunque poco romántica por la pedregosa aridez de sus senderos, ofrece vistas espectaculares. En cada uno de sus recodos hay un perfil diferente de la costa esperando ser fotografiado. En ciertos tramos del camino, donde comienzan las terrazas perpendiculares, es posible encontrar viñedos y bolsones de fragantes arbustos. En uno de ellos dimos cuenta de los quesos y el vino. Pero son los menos. En general, es una caminata larga y accidentada que solo las personas físicamente aptas deben emprender. El recorrido de la Via dell' Amore es un ritual turístico que termina siendo una prueba cardiovascular. Otro consejo: si usted es de los que no hace ejercicios aquí en Miami, no lo intente. Bese a su esposa en el primer mirador, como es la costumbre en la Via delle' Amore, y regrese en tren.

Pero nosotros seguimos. Al llegar a Manarola nos sugirieron que visitáramos la iglesia de San Lorenzo, que data del siglo XIV, pero declinamos la oferta. No podíamos desperdiciar fuerzas subiendo hasta la parte alta de la villa cuando todavía nos quedaba por completar la segunda parte de la caminata, que nos llevaría a Corniglia. Este último tramo resultó más escabroso que el primero. Las vistas seguían siendo grandiosas, pero las pendientes se fueron haciendo más peligrosas a medida que nos acercábamos al final.

    Al llegar a Corniglia nos esperaba una sorpresa. Y era esta: donde termina el camino no hay nada. Solo una pequeña estación de trenes. El pueblo está en la cima de un promontorio, el más alto de Cinque Terre, y para llegar a él hay que subir 365 escalones por una tortuosa escalera de piedra que serpentea entre las rocas de la ladera. Desconsolados, miramos hacia arriba. La vista de aquel pequeño pueblo que se alzaba entre las peñas, como suspendido en el aire, resultaba tentadora. Pero era demasiado para nosotros. Estábamos agotados. Nos sentamos en uno de los bancos del andén a esperar el tren que nos llevaría de vuelta a Monterosso. Aunque frustrados, nos prometimos que la cena de despedida que habíamos planeado para esa noche, no sería triste. No pudimos subir a Corniglia; es cierto. Pero nos llevábamos su recuerdo. Y el de todos los pueblos que conforman Cinque Terre, el secreto mejor guardado de Italia.

SORRENTO Y CAPRI

Juntas frente al mar y el sol

No conozco a nadie que haya estado en Sorrento y no haya visitado la isla de Capri. Y es que ambas ciudades son, por decirlo de alguna poética manera, de un pájaro las dos alas. Separadas por un mar de esmeralda en el que se reflejan los perfiles de sus dramáticos riscos, han estado juntas en los itinerarios de Europa desde que los ingleses popularizaron, en el siglo XVIII, el llamado Grand Tour. En realidad, desde mucho antes. Hace dos mil años, el segundo emperador romano, Tiberio, deslumbrado por la belleza de la zona, se asentó en lo alto de Capri y desde allí dirigió su imperio de una manera dual. Por las mañanas legislaba aspirando el aroma de sus famosos limoneros y por la tarde eliminaba a sus enemigos arrojándolos al mar desde las cimas de los acantilados. No regresó jamás a Roma. Se dice que terminó sus días entre Sorrento y Capri, disfrutando sus espectaculares paisajes hasta que, al parecer, fue asesinado. Así eran de cautivadoras las dos ciudades. Así han seguido siéndolo.

Es por eso que en nuestro último viaje a Italia, mi esposa y yo decidimos incluirlas en el recorrido. Habíamos estado dos veces en Italia, pero no las habíamos visitado. El triángulo de Roma, Florencia y Venecia, y los lagos al norte de Milán, habían sido nuestros repetidos destinos turísticos en años anteriores. Pero esta vez no solo visitamos la eterna Toscana, sino también la Riviera italiana y la costa Amalfi, pensando que, entre coliseos y campanarios, un toque de naturaleza no vendría mal. Litorales de ensueño en lugar de ruinas imperiales. En esta ocasión no se nos escaparía la Gruta Azul.

Dicen que el mitológico episodio de Ulises amarrado al mástil de su embarcación ocurrió frente a estas costas. Al igual que a Ulises, a nosotros las sirenas también nos llamaban con sus cantos desde las pedregosas ensenadas de Sorrento. Solo que no nos tapamos los oídos con cera. Lo que hicimos fue manejar desde Monterroso del Mare hasta Sorrento. Casi sin parar. Y no por las «autostradas» que enlazan Cinque Terre con Salerno, sino por las carreteras que serpentean la costa. Lo cual, debo confesar, fue un error. Habíamos pensado que sería una experiencia interesante, pero terminó siendo un viaje interminable que no recomendaría. Las vistas son espectaculares; es cierto. Pero es preferible enfrentar la vertiginosa velocidad de la A-1 y llegar a tiempo.

Después de bajarnos en Nápoles por equivocación, llegamos a Sorrento al anochecer. Algo que tampoco recomendaría. La carretera S-15 que conduce a la península es de dos vías solamente y está llena de curvas que bordean peligrosamente los acantilados. Imagínense de noche. Por suerte, comenzaba el fin de semana y el tráfico estaba tan congestionado que los italianos, contra su costumbre, conducían despacio. Así, entramos a Sorrento a solo 15 millas por hora para descubrir una ciudad que, alegre y bulliciosamente, celebraba la llegada del verano. Aun antes de arribar a la Plaza Tasso, desde donde pensábamos orientarnos para encontrar nuestro hotel, la ciudad parecía estar de fiesta. En las calles aledañas, grupos de alegres jóvenes caminaban tomados de la mano y sin rumbo aparente. Las tiendas estaban abiertas y los restaurantes con terraza estaban llenos; algunos con música en vivo. Era como un carnaval sin disfraces. Una algarabía elegante que nos contagió enseguida. En cuanto soltamos las maletas, a pesar de estar cansados por el largo viaje, nos sumamos al jolgorio.

La principal avenida de la ciudad, Corso Italia, estaba llena de gente. Caminamos hasta donde suponíamos que estuvieran las marinas, pero no nos animamos a bajar. Estábamos en lo alto de un farallón y había que descender por una escalera que, bordeando las rocas, llegaba hasta el mar. Lo que hicimos fue disfrutar la brisa marina del Golfo de Nápoles que ascendía hasta los miradores. El cielo era un extenso lienzo estrellado. En la distancia las luces de la Isla de Capri, esparcidas en las laderas, semejaban una caprichosa constelación. El momento era mágico; pero no podíamos quedarnos allí toda la noche. Terminamos cenando en uno de los varios restaurantes que rodean la plaza. Cuando regresábamos al hotel, ya pasada la medianoche, todavía la fiesta continuaba en la ciudad.

Al otro día, antes de dirigirnos a la marina donde tomaríamos el ferry para ir a Capri, caminamos un poco por los alrededores del hotel. Sorrento es una ciudad pequeña, con calles paralelas a las dos vías principales, San Cesareo y Tasso, que corren derechas hacia los puntos cardinales. Según la leyenda, fue fundada por Liparus, nieto de Ulises y Circe. Y aunque algunos historiadores la consideran una ciudad italiana en sus orígenes, su estructura refuerza la teoría de que era griega. Por ejemplo, aquí no hay foros ni coliseos. Una sola basílica, la de San Antonio, santo patrono de la ciudad, se alza en la plaza del mismo nombre, justo frente al Ayuntamiento. Cerca de allí se encuentra el convento de San Francisco, pero no disponíamos de tiempo para visitarlo. Además, ya habíamos visto demasiados claustros y monasterios. Capri esperaba por nosotros.

Y esta vez sí bajamos la escalera que conduce a la marina. En realidad, son tramos de escaleras que van descendiendo, entre un mirador y otro, hasta llegar a la bahía. Las vistas en cada uno de los salientes, son únicas. Por un lado, el exclusivo azul del mar Tirreno; y por el otro, los farallones que se precipitan hacia sus aguas. En los bordes de sus cimas las villas, aunque protegidas por sus floridos muros, parecían balancearse en el vacío. A lo lejos, Nápoles, al otro lado del golfo, era una urbe nebulosa envuelta en la bruma matinal de su puerto. Y frente a nosotros, Capri, alzándose verticalmente desde el mar, emergiendo de repente con la fuerza volcánica de sus riscos.

Lo primero que hicimos al llegar a la marina, fue comprar los boletos de ida y vuelta a Capri. Se pueden comprar los del ferry, que son más económicos; o los del hidroplano, que son más caros. Nos decidimos por los del hidroplano porque la diferencia de precios no era mucha, y porque ahorrábamos un tiempo precioso. Salen cada una hora y en solo 30 minutos llegan a Capri. Mientras esperábamos la salida, caminamos un poco por el muelle. Aunque esta marina –llamada Piccola para diferenciarla de la grande donde están las playas– recibe una tercera parte de los turistas internacionales que pasan por Sorrento, no hay mucho que hacer. En el área donde estacionan los ómnibus hay pequeños restaurantes, casas de cambio y tiendas de regalos. En un *promenade* o paseo que se extiende a lo largo de donde salen los barcos, hay un par de rotondas con bancos y unos cuantos canteros con flores. Y eso es todo. Eso sí, las vistas siguen siendo hermosas.

Y lo son más desde el hidroplano. Un consejo: no se siente dentro de la embarcación. Al zarpar, asegure un lugar en la popa desde donde pueda filmar la salida. Las laderas de Sorrento, vistas a través del arco iris que forman las aguas al ser impulsadas al aire por los motores, alcanzan la levedad pictórica de un cuadro de Monet. La costa se convierte entonces en un inacabable mural de paisajes impresionistas. Una difusa paleta de colores desvaídos que se aleja, difuminada, sobre la estela que va dejando la nave. Hasta que, de repente, aparecen las primeras rocas enhiestas de Capri. Es el momento de moverse hacia la proa y captar su dramática y pétrea reaparición. Tome todas las fotos que pueda. Algunas serán instantáneas geográficas de la prehistoria. Otras serán como paisajes lunares sobre una superficie azul. Son escenas que no olvidará.

Las cosas cambian al llegar a la marina de Capri. Por un momento desaparecen los dramáticos paisajes y el visitante se enfrenta al cotidiano ajetreo de un antiguo puerto pesquero. A sus embarcaderos arriban comestibles, automóviles y turistas. Todos juntos. La actividad es frenética. Otro consejo: aléjese lo más pronto que pueda de allí. Y no se entretenga mirando hacia las villas que se asientan en las cimas que rodean el puerto porque puede ser atropellado por un camión dando marcha atrás. A esta marina le falta el encanto de la de Sorrento. Será por eso que las celebridades solo atracan sus yates en las dársenas privadas de la isla. Es difícil imaginar el arribo de una de ellas entre cargamentos de cebolla y jamón proschiuto.

En Capri, aunque no hay mucho que hacer, el tiempo no le alcanzará si no planea bien su estadía. Por eso le sugiero que antes de tomar el funicular para subir al centro de la ciudad, visite la famosa Gruta Azul, una cueva marina misteriosamente iluminada desde el fondo por rayos de luz solar. Lo más probable es que no pueda entrar en ella porque casi siempre la marea alta lo impide. No espere que en la taquilla de ventas se lo adviertan. Pero aunque no pueda entrar, no importa; el boleto incluye una vuelta alrededor de la isla y podrá contemplar los llamados Baños de Tiberio, el Palacio del Mar, y la menos conocida Gruta Verde. El viaje dura unos 90 minutos y el patrón del barco se encarga de ir señalando los lugares de interés. Pero aunque no lo hiciera, las vistas solas lo dejarán sin aliento.

Cuando el barco atraque de vuelta, no pierda tiempo. Deje atrás el bullicio de la marina, tome el funicular y elévese sobre las aguas del Golfo de Nápoles, hasta la Plaza Humberto I, centro de la ciudad. Aquí es donde están todos los hoteles, restaurantes y tiendas famosas. Aquí están los Jardines de Augusto, un lugar ideal para descansar y desde donde pueden verse los llamados Farallones, las rocas más fotografiadas del mundo. Aquí están también las ruinas de Villa Jovis, una de las doce villas desde las cuales Tiberio vigiló su imperio. Aquí están también los famosos olivares y los limoneros. Y su verdadero encanto: las numerosas terrazas repletas de flores que se asientan en los bordes de sus riscos. Deténgase un momento en cualquiera de ellas, contemple en silencio el espectáculo de ensueño que se abre a sus pies, y deje que la naturaleza lo llene de sosiego.

Una última advertencia: revise su boleto de vuelta y compruebe la hora de partida y el nombre de la embarcación. Recuerde que en la marina de Capri reina la confusión. Si se equivoca terminará desembarcando en Nápoles en lugar de Sorrento. Nosotros casi abordamos una que salía para Positano. Afortunadamente, nos dimos cuenta y pudimos terminar la noche cenando en Sorrento. Era la despedida. Habían sido unos días inolvidables. Unos músicos tocaban tarantelas en la terraza del restaurante. Cuando nos íbamos, comenzaron a tocar *Torna a Surriento*. Y aunque la letra no tiene nada que ver con Sorrento, para nosotros, la similitud fonética fue como una señal. Salimos de allí convencidos de que algún día regresaremos.

AMALFI Y POSITANO

Dos perlas marinas

En mi *bucket list* (lugares que uno quisiera conocer antes de morir) Amalfi y Positano siempre estuvieron –gracias a las películas *Under the Tuscan Sun* y *Only You*– entre los primeros puestos. Sin embargo, cada vez que estaba a punto de poder visitarlos, por una razón u otra, tenía que desistir de hacerlo. Con el tiempo mi lista fue disminuyendo, pero Amalfi y Positano seguían estando en ella. No fue hasta junio del año pasado cuando al fin pude tacharlos. Y es que, planeando un viaje a Italia, descubrí que desde Roma partían excursiones diarias hacia ambos lugares. Todo lo que tenía que hacer era agregar un día más de estadía en la Ciudad Eterna. En lugar de dos, estaríamos tres. Y así fue. Al segundo día de estar en Roma partimos (habíamos hecho las reservaciones desde Miami) hacia la Costa Amalfi.

La «costiera amalfitana», como se llama en italiano, está en la parte sur de la península de Sorrento y se extiende desde Positano, en el oeste, hasta Vietri sul Mare, en el este. Nuestra primera parada fue en Amalfi. Habíamos salido temprano en la mañana (nos recogieron en nuestro hotel) y en apenas dos horas, después de una breve parada para tomar un café, llegamos a Amalfi. Ya desde que iniciamos el ascenso del Monte Cerreto (sí, hay que subir primero y descender después), la geografía comenzó a cambiar. A medida que avanzábamos, la carretera se hacía más estrecha y sus curvas más peligrosas. En una de ellas, el chofer logró aparcar en un pequeño promontorio y desde allí pudimos ver, a lo lejos, en la boca de un profundo desfiladero, cómo las casas de Amalfi literalmente trepaban por las rocosas laderas de sus dramáticos acantilados. En la bajada, antes de parar en otros dos miradores, el camino fue descendiendo en una sucesión de calas, playas y terrazas cultivadas de cítricos, vides y olivos. Ya cerca del centro del pueblo, las vistas eran todavía más hermosas. Entre la pétrea oquedad de sus riscos y el verde de su vegetación, el azul profundo de las aguas parecía competir con la limpidez de su cielo. En cada recodo surgían nuevos y luminosos escenarios que, por su belleza, semejaban postales turísticas.

Nuestro chofer-guía nos dejó en la Plaza de Flavio Gioia, frente a la calle que da acceso a la Catedral de San Andrés, el principal punto de interés de Amalfi. El Duomo, como también se le conoce, es una impresionante edificación (quizás demasiado grande para los apenas siete mil habitantes de Amalfi) construida en una mezcla de estilo árabe con influencias góticas. Su hermosa fachada, de estilo bizantino y que data del siglo XIX, está precedida de una amplia escalera donde los turistas acostumbran retratarse. Su interior, con una nave grande y dos pasillos divididos por 20 columnas, está decorado al estilo barroco. Desde la nave izquierda se accede, bajando por una escalera, a la cripta donde se encuentran los restos –traídos en 1206 desde Constantinopla– del Apóstol San Andrés. Detrás de la Catedral está el Claustro del Paraíso, un espacio cuadrado rodeado de muros y repleto de flores y palmas, que fue construido en 1266 como cementerio de la nobleza de la ciudad.

Cuando salimos de la Catedral ya no disponíamos (como siempre ocurre en las excursiones) de mucho tiempo. Así que subimos por la Vía Lorenzo, una calle repleta de pequeñas tiendas y restaurantes y llegamos hasta la Plaza del Espíritu Santo, desde donde retomamos el camino de regreso. Ya nuestro grupo se había reunido en el parqueo donde el guía esperaba por nosotros.

De Amalfi salimos hacia Positano, pero ahora viajábamos hacia el oeste. Las vistas seguían siendo igualmente hermosas, sobre todo cuando comenzamos a descender hacia el pueblo. Nuestro guía había hecho arreglos para que almorzáramos en un restaurante a orillas de la playa; pero como no podíamos llegar hasta allí en el ómnibus, tuvimos que caminar desde el parqueo. Fue lo mejor que pudo ocurrirnos porque nos permitió descubrir el encanto que se oculta en cada una de sus callejuelas. En realidad, más que de calles, el centro de Positano está compuesto de escaleras de piedras. No en balde John Steinbeck, que vivió allí en 1953, escribió: «En Positano uno no camina: trepa o resbala». Y es verdad. Si uno no anda con cuidado, puede resbalar en la Plaza del Mulini y terminar con una pierna fracturada en el empedrado descanso de cualquiera de las escaleras que conducen a la bahía.

En el siglo X, Positano formaba parte de la República Marítima de Amalfi, que ya desde esa fecha era tan importante como Venecia. Sin embargo, a mediados del siglo XIX Positano comenzó a decaer y muchos de sus casi ocho mil habitantes emigraron a América. No fue hasta principios del siguiente siglo que se convirtió en un importante destino turístico. Con el tiempo ha llegado a ser, no solo el lugar preferido del *jet set* internacional, sino también de los turistas en general. Y aunque no hay lugares históricos que visitar –aquí no hay catedrales ni coliseos– los turistas llegan por miles de todas partes del mundo. Lo que sí hay en Positano son numerosas casas –algunas parecen pequeños palacios– con hermosos jardines que pueden ser vistos desde las verjas que los circundan. Una de ellas, la más grande de todas, conocida como el Palacio Murat, está a unos pocos pasos de la playa. Era aquí donde Joaquín Murat, nombrado Rey de Nápoles por Napoleón en 1810, solía descansar de sus monárquicos deberes. A pocos pasos de ella se encuentra la iglesia de Santa María Asunta, con un domo amarillo y verde que puede verse desde cualquier lugar. En su altar hay una pintura conocida como la Virgen Negra que cada 15 de agosto es llevada en procesión hasta la playa.

Después del almuerzo –lo hicimos en una de las terrazas del restaurante Buca di Bacco que daba a la orilla del mar–

como todavía teníamos algún tiempo libre, nos dedicamos a recorrer sus alrededores. Ese es uno de los encantos de Positano: perderse en sus floridos laberintos. Y es que en sus calles, las casas que no tienen un pequeño jardín, tienen sus ventanas cubiertas de flores. Hasta las tiendas, tanto las de objetos de artesanía como las de joyería fina y arte contemporáneo, tienen macetas en sus puertas de entrada. Cuando ya se acercaba la hora de partir, retomamos el mismo camino por el que habíamos bajado a la playa y regresamos al parqueo donde nos esperaba nuestro guía. La excursión había llegado a su fin. Salimos por la misma carretera que habíamos llegado. En una de las curvas, antes de llegar a lo alto del cerro, pudimos ver Positano por última vez. El sol comenzaba a perderse en el horizonte y las casas que trepaban por sus laderas resplandecían en el dorado atardecer de la Costa Amalfi.

POMPEYA

Preservada para la posteridad

Pompeya pudo haberse convertido en una importante ciudad de nuestra época. O pudo haber desaparecido en el tiempo, como tantas otras colonias romanas, dejando en su camino hacia el olvido un leve rastro de columnas destruidas y capiteles dispersos. Pero no fue así. Ni se convirtió en una ciudad moderna, ni terminó siendo, entre las ruinas del algún coliseo, un atisbo de pasadas glorias imperiales. Todo lo contrario. La erupción del Vesubio en 79 d. de J.C., la preservó casi intacta –bajo una capa de lava y cenizas– para la posteridad. Es por eso que todavía hoy, 260 años después de su descubrimiento arqueológico, cuando los visitantes atraviesan la Porta Marina y descubren sus casas, sus templos, sus calles, sus plazas y hasta los cuerpos conservados de sus habitantes, inmóviles en la cotidianeidad de sus vidas truncadas, es como si atravesasen un misterioso umbral que conduce al pasado.

Esa fue la sensación que experimentamos mi esposa y yo cuando en nuestro último viaje a Italia, la visitamos. Veníamos de Amalfi y Positano en una excursión que habíamos comprado en Roma y que también incluía una parada en Pompeya. Una estrecha carretera (que corre paralela a la autopista A-3) nos había conducido, después de pasar Ravelo, Vietri sul Mare y Cava de' Tirreni, hasta su entrada principal, justo en una pequeña curva. Un guía contratado por la compañía de la excursión esperaba por nosotros en uno de los puestos de frutas y jugos que se alinean frente a la entrada. Por su aspecto –una camisa estampada con flores, un ajustado pantalón de color vino y un par de mocasines blancos– no parecía un guía sino un personaje salido de una película de Pasolini. Allí estaba, frente a nosotros, un resucitado Accatone. Todos los del grupo nos miramos y nos preparamos para lo peor. Sin embargo, los temores fueron infundados. Y es que no hubiésemos podido encontrar un guía mejor: simpático, amable y con un gran conocimiento, no solo de Pompeya, sino de historia en general. Antes de entrar, nos dio una detallada explicación de la vida diaria –desde las clases ricas hasta los esclavos– de los habitantes de la ciudad antes de la erupción del Vesubio. Y nos advirtió que era imposible recorrer todas las ruinas de Pompeya en las dos horas que íbamos a estar allí. Pero prometió llevarnos a los lugares más importantes. Y así lo hizo.

El primer edificio que uno encuentra al entrar es el Templo de Venus, justo al lado de la Basílica donde los magistrados impartían justicia y en cuyos muros es posible ver, grabados en la piedra, los nombres de algunos cónsules romanos de la época. Al pasar la Basílica se llega a uno de los espacios abiertos más grandes de Pompeya, el Foro, centro de la vida pública de la ciudad y desde donde puede verse, en su amenazante esplendor, el Vesubio. Desde donde estábamos parados, en el centro de la plaza, podíamos ver hasta las irregularidades rocosas de su cráter. Y no pudimos dejar de imaginarnos el terror que sintieron sus habitantes cuando escucharon la erupción y vieron correr hacia ellos la lava que los sepultaría. Muchos murieron –alcanzados por el humo tóxico– antes de que un río de magma ardiendo llegara a ellos. Más adelante vimos sus cuerpos –encapsulados en yeso– exhibidos en las distintas posiciones en que murieron, como si fueran las momias de un museo faraónico.

Alrededor del Foro se encuentran las más famosas edificaciones del lugar, como el Macellum, un mercado bajo techo donde se vendían carnes y pescados; la Casa del Fauno, llamada así por la estatua de bronce que se halla en el centro de lo que fue un estanque; la Casa de los Vettii, en cuyas paredes, espléndidamente decoradas, pueden verse algunas escenas de fuerte contenido erótico, sobre todo en las del famoso mural de Príapo, dios de la fertilidad en la mitología griega, en las que abundan numerosas representaciones fálicas; la Casa de los Cupidos Dorados, perteneciente a la familia de la segunda esposa de Nerón, cuyo nombre se deriva de los dibujos que decoran una de las habitaciones.

A medida que íbamos recorriendo las calles que rodean el Foro, nuestro guía seguía señalándonos lugares de interés: la Casa de Menander, una de las más opulentas, con las paredes de sus habitaciones adornadas con hermosas pinturas, entre ellas una en que puede verse a Ulises en la Guerra de Troya, y otra en la que aparece Menander, el teatrista griego que dio nombre a la mansión; o la Casa del Poeta Trágico, en cuya entrada hay un mosaico con la siguiente inscripción: *Cave canen*, que quiere decir «cuidado con el perro».

Cuando creíamos que no nos quedaba nada por ver, el guía nos llevó a tres lugares en sucesión: la panadería de Modesto (donde fueron encontrados panes carbonizados y restos de hornos de madera y ladrillos), los Baños de Estabian (los más antiguos de la ciudad, donde todavía son visibles las divisiones entre los baños de los hombres y los de las mujeres) y un edificio de forma triangular que se conoce como «il lupanare». Es decir, el prostíbulo de la ciudad, que puede ser reconocido fácilmente –según nos explicó el guía– no solo por su peculiar estructura, sino porque siempre hay turistas en fila para entrar. Como el lugar es pequeño hay que ir entrando en grupos. Cuando al fin pudimos hacerlo, fuimos pasando de una habitación a otra (en la planta alta hay cinco cuartos adicionales con ventanas desde las cuales las prostitutas llamaban a los clientes) y deteniéndonos cada vez que el guía nos explicaba las escenas pintadas sobre los dinteles de las puertas. En realidad, los dibujos eran tan explícitos que no hacían falta muchas explicaciones. Algunos turistas, entre risitas nerviosas, tomaban fotos de las atrevidas posiciones del acto sexual (curiosamente parecidas a las del *Kama Sutra*) que un anónimo pintor pompeyano dejó visualmente inmortalizadas para la historia.

Cuando salimos de allí, aunque ya casi estábamos sin tiempo, nuestro guía nos llevó a ver el llamado Teatro Grande, construido en forma de anfiteatro semicircular en el hueco de una ladera para mejorar su acústica y con capacidad para cinco mil espectadores. Hoy día, después de varias reconstrucciones, se ha usado ocasionalmente en el verano para eventos culturales.

Nuestra última parada, antes de emprender el camino de regreso hacia la Puerta Marina, fue el Foro. Ya habíamos estado allí cuando comenzó el recorrido, pero nuestro guía quiso darnos tiempo para que nos tomáramos una foto con el Vesubio como fondo. Efectivamente, a lo lejos, el Vesubio se alzaba hacia el cielo entre retazos de nubes. En aquella tarde serena parecía ser, no el verdugo que sepultó con su furia telúrica a Pompeya, sino el celoso guardián de sus ruinas.

ASÍS Y ORVIETO

En el mismo corazón de Umbría

En el mismo corazón de Umbría, la única provincia italiana que no bordea ni el mar ni otro país y que todavía cuida con celo los restos de su milenaria cultura etrusca, se encuentra el pueblo de Asís. En sus alrededores pueden verse, reverberando al sol sus amarillos gloriosos, extensos campos sembrados de girasoles. Situado en lo alto de una colina y rodeado de verdes montañas en cuyas laderas crecen olivos y vides, Asís es una genuina representación del típico pueblecito italiano. Ni la avalancha de turistas que lo visitan cada año ha logrado despojarlo de su encanto medieval. Asís es, también, la ciudad donde nació y murió San Francisco. Una de las razones por las que mi esposa y yo decidimos visitarlo en nuestro último viaje a Italia. Habíamos tratado de hacerlo en otras ocasiones pero nunca, casi siempre por falta de tiempo, pudimos. Esta vez sí lo incluimos en el itinerario.

La mejor manera de llegar a Asís es saliendo de Roma. Puede hacerse en carro, en tren o en autobús. Como nosotros habíamos hecho todo este viaje en tren, decidimos seguir con el mismo medio de transporte. Pero cuando tratamos de sacar los pasajes, descubrimos que para llegar hasta la estación de Santa María de los Ángeles, en las inmediaciones de Asís, había que hacer varios cambios de tren. Algo que nos pareció muy complicado. La mejor opción, entonces, era comprar un *tour* –de los muchos que salen de Roma– para Asís. El que compramos, con la compañía Carrani, además de visitar Asís, incluía el almuerzo y una parada en la ciudad de Orvieto. Fue una feliz decisión. No solo viajamos con comodidad en un confortable ómnibus, sino que nos tocó una magnifica guía que ofrecía las explicaciones –por la diversidad de los integrantes de la excursión– en inglés y español.

La primera parada la hicimos en Orvieto, un pequeño pueblo enclavado en la cima de una montaña rocosa, al que se llega utilizando un funicular que termina su ascenso en la Plaza Cahen. La principal atracción de Orvieto es su catedral. Su construcción, que demoró casi trescientos años, comenzó en 1290 en el llamado estilo románico y terminó con numerosos elementos góticos incorporados. Su fachada es una armoniosa combinación de mármoles blancos y negros en el que resaltan coloridos mosaicos y elaboradas esculturas. Es aquí donde se encuentra expuesto el corporal (nombre de la tela que cubre la mesa donde se oficia la misa) manchado de sangre que se conoce como el Milagro de Bolsena. Este hecho ocurrió en 1264 cuando el sacerdote alemán, Pedro de Praga, durante una peregrinación a Roma, se detuvo en la ciudad de Bolsena para celebrar misa. Se dice que mientras pronunciaba las palabras de la consagración, comenzó a salir sangre de la hostia consagrada y salpicó sus manos, el altar y el corporal. Asustado, el sacerdote quiso ocultar la sangre, pero no pudo. Suspendió la misa y fue a Orvieto, donde residía el Papa Urbano IV. El Papa enseguida envió unos emisarios a hacer una investigación y ante la certeza del acontecimiento, ordenó al Obispo de la Diócesis llevar la hostia y el corporal a Orvieto.

En Orvieto, además de la Catedral, hay otros lugares de interés, como el Pozo de San Patricio, las iglesias de San Lorenzo y San Giovenale y un cementerio etrusco del siglo VI, conocido como la Necropoli del Crosifisso del Tufo. Pero nosotros no estuvimos en ninguno de ellos. No porque no quisiéramos, sino porque el tiempo que el *tour* permanece en Orvieto no es suficiente. Se lo hicimos saber a la guía, pero nos explicó que si dieran más tiempo allí, entonces no podríamos ver todo lo que había que ver en Asís, que era el destino principal del viaje. Así que lo primero que usted debe hacer cuando visite Orvieto, es entrar a la Catedral y ver la Capilla del Corporal donde se encuentra la tela manchada de sangre. Después, tómese un capuchino en uno de los cafés que rodean la plaza y, si tiene tiempo, entre en alguna de las tiendas de cerámica que están en las calles aledañas. Pero apúrese porque se le puede ir el ómnibus.

De Orvieto salimos hacia Asís. Es un viaje de un poco más de una hora que puede ser aprovechado para admirar los hermosos paisajes de la región. Umbría es, junto con la Toscana, una de las provincias más bellas de Italia. No solo por sus montañas y valles, sino por la profusión de pequeños pueblos medievales que se alzan en lo alto de las rocas. Algunos de esos pueblos fueron habitados desde el siglo VIII, antes de Cristo, por las tribus umbrías, etruscas y romanas, hasta que en la Edad Media los lombardos establecieron un ducado en el área de Spoleto. No lejos de allí, en lo alto del Monte Subasio, se encuentra Asís.

Lo primero que sorprende de Asís son las macetas de geranios que cuelgan de las ventanas de sus casas. El contraste entre el color rosado de las paredes y el rojo de las flores, es único. Después están las pequeñas plazas que se abren a la inmensidad de los valles que la rodean. En una de ellas, la primera que visitamos, se encuentra la Basílica de Santa Clara, construida en el siglo XIII y con una impresionante fachada en la que se destacan los colores blanco y rosado de las piedras que se usaron. Es en la cripta de esta iglesia donde está enterrada Santa Clara, fundadora de la Orden de las Clarisas Pobres. Es aquí también donde se encuentra, en una de sus capillas, el crucifijo de madera desde el que Cristo le pidió a San Francisco «reparar la Iglesia de Dios». Es un crucifijo impresionante. No solo por la rusticidad de sus formas, sino por la imperecedera y mística brillantez de su madera. No deje de visitar esta capilla. Es el primer contacto del visitante con las huellas de San Francisco.

De la Plaza de Santa Clara subimos por toda la Vía Corso Massini hasta llegar a la Piazza del Comune, que es la plaza

167

principal de Asís. Aquí están las antiguas columnas del Templo de Minerva, debajo de las cuales se encuentran ruinas de la época romana. Frente a estas columnas está el antiguo Palazzo Comunale, hoy sede de una galería de arte donde se exhiben obras de artistas medievales, entre ellos algunos frescos de la Escuela de Giotto. Alrededor de la Piazza del Comune hay numerosas tiendas en las que se pueden comprar artículos relacionados con la vida de San Francisco.

De la Piazza del Comune, si se toma la Vía del Seminario, se llega a la Basílica de San Francisco, el lugar más sagrado de Asís. Su construcción comenzó en 1228 con un complicado concepto arquitectónico que consistía en construir dos iglesias diferentes, una sobre la otra. La primera de ellas, conocida como la Basílica Inferior, aunque oscura y cavernosa, fue decorada con frescos de algunos de los pintores más importantes del siglo XIII, como Cimabue y Giotto, en los que se representaban las virtudes –pobreza, castidad y obediencia– de la Orden Franciscana. La segunda de ellas, llamada la Basílica Superior, es espaciosa y luminosa, y es donde se encuentran, adornando ambas paredes de la nave central, los famosos frescos de Giotto sobre la vida de San Francisco. Se trata de veinticinco escenas sacadas de *La Leyenda Mayor*, de San Buenaventura, que a finales del siglo XIII constituía la biografía oficial del santo. La secuencia narrativa de los frescos avanza desde la primera escena de la nave derecha y termina con la última de la nave izquierda. A nosotros nos fue imposible detenernos en cada una de ellas, pero la guía nos fue señalando los aspectos más importantes de su concepción artística.

Desde la Basílica Superior bajamos hasta la Basílica Inferior, que es donde se encuentra la tumba de San Francisco. Como la nave central de la iglesia está rodeada de capillas y no tiene ventanas, una serena penumbra que propicia el recogimiento lo envuelve todo. Es imposible sustraerse a su sobrecogedora solemnidad. En la mitad de esta nave se encuentran dos rampas por las cuales se baja a la cripta donde, dentro de una celda funeraria protegida por una reja, se encuentra el sarcófago que contiene los restos de San Francisco. Si en la parte alta de la iglesia reinaba la solemnidad, aquí era posible palpar el aura de la santidad. Algunos peregrinos, arrodillados frente al santo, sollozaban abiertamente. Es difícil explicar lo que se siente en esa cripta. No hay que ser creyente para experimentar en ella una momentánea sensación de paz interior.

Cuando salimos a la luz de la tarde, las tranquilas sombras de la epifanía franciscana fueron desapareciendo. Nuestro viaje a Asís estaba por concluir. La explanada de la Basílica era un hervidero de turistas tratando de capturar la milenaria historia de San Francisco en el diminuto formato digital de sus cámaras. Una tarea imposible. Podíamos fotografiar la fachada de la iglesia que guarda sus restos, sí; pero no los estigmas que llagaron su cuerpo. Esos forman parte de un milagro que no puede ser reproducido. Emprendimos en silencio el camino de regreso al ómnibus que esperaba por nosotros en la Porta Nueva, por donde habíamos entrado a la ciudad. En lo alto de la cima todavía podíamos ver la Basílica recortada sobre un cielo azul intenso. Y también podíamos ver, resplandeciendo en las paredes de sus casas, el irrepetible rojo de sus geranios.

MILÁN Y LOS LAGOS DEL NORTE

Lo mejor de Lombardía

A menos de dos horas de Milán se encuentran Como, Maggiore y Garda, los llamados lagos del norte italiano. Sin embargo, a pesar de su cercanía, la mayoría de las excursiones no los incluyen en sus itinerarios. Los operadores de *tours* prefieren concentrarse en la trinidad turística de Italia. Es decir, Venecia Florencia y Roma. Es comprensible. Son ciudades más importantes desde un punto de vista histórico, cultural y político. Pero para quienes hayan visitado esos lugares, es una buena opción subir un poco hacia el norte y visitar, casi al unísono, Milán y los lagos. Que fue lo que hicimos mi esposa y yo este verano. Primero visitamos Milán. Y a los dos días, en una acertada decisión, tomamos un tren hasta el lago Como. Después del estrés del tráfico de Milán y las aglomeraciones de su Plaza del Duomo, nos vino bien el bucólico paréntesis de Tremezzo y Bellagio, dos de los pequeños pueblos costeros que, como perlas acuáticas, adornan las orillas de lago Como.

Milán no es una de esas ciudades «hechas para caminar». El tráfico es infernal y el ritmo de vida enloquecedor, con excepción de las áreas peatonales alrededor del Duomo y de La Scala. Pero aunque las distancias entre los distintos puntos de interés turístico son grandes, con un mapa en la mano –y un buen par de piernas– es posible visitarlos todos en dos días. Nosotros comenzamos por el Castillo Sforzesco, porque nos quedaba más cerca del hotel Manin, donde nos hospedábamos. Este imponente castillo se levanta donde estuvo el de la familia Visconti, que fue demolido cuando terminó su reinado a mediados del siglo XV. En su lugar, Francisco Sforza construyó un palacio renacentista que combina, de la manera más armónica, un exterior de amenazantes murallas con una delicada arquitectura interior. Hoy día es sede de un museo de arte antiguo que contiene una impresionante colección de pinturas que va desde el Renacimiento hasta el siglo XVIII. En la entrada principal del castillo hay una hermosa fuente donde los turistas suelen retratarse. De esa fuente parte la famosa Vía Dante, una de las calles más elegantes de Milán, repleta de tiendas y restaurantes.

Después de retratarnos frente a la fuente, como buenos turistas, bajamos por toda la Vía Dante hasta salir a la Plaza del Duomo que es, por decirlo de alguna manera, el corazón de Milán. La Plaza del Duomo está llena a todas horas. Y no solo de turistas, sino también de milaneses. Es en esta Plaza donde se alza la imponente Catedral, una de las iglesias góticas más grande del mundo. Su construcción comenzó en el siglo XIV, bajo el reinado de los Visconti, pero no fue completada hasta quinientos años más tarde. Desde su azotea –a la que se puede subir– pueden verse, en un día claro, los Alpes. Y pueden verse también, de cerca, las ciento treinta y cinco hermosas espirales que, coronadas de estatuas, rodean su estructura.

A un costado de la Catedral está la Galería Vittorio Emanuele II, una monumental arcada con techos de cristal, bajo los cuales se alinean decenas de tiendas y restaurantes. Atravesándola se llega a la Plaza de la Scala, mucho más pequeña que la del Duomo, pero igualmente concurrida. Es aquí donde se encuentra situado el Teatro de Ópera La Scala, uno de los más prestigiosos del mundo. Inaugurado en 1778, fue virtualmente destruido durante la Segunda Guerra Mundial. Reabrió sus puertas en 1946 bajo la dirección de Arturo Toscanini, quien después de 15 años de ausencia retornó a Milán desde Nueva York. Visto desde afuera, por la sencillez de su fachada neoclásica, La Scala decepciona. Sin embargo, es impresionante por dentro. No deje de visitarlo. Está abierto desde las nueve de la mañana hasta las cinco de la tarde. Los boletos se pueden comprar en la puerta del Museo Teatral que está justo al lado de La Scala. No solo puede verse el vestíbulo, el auditorio y sus dorados palcos, sino también una colección de instrumentos musicales antiguos, así como retratos y estatuas de los más importantes compositores y directores. El día de nuestra visita había una exposición temporal en homenaje a María Callas: fotos inéditas, documentales sobre su vida, cartas privadas, partituras originales y los vestidos que usó la famosa soprano en la mayoría de las óperas que interpretó en La Scala, desde *Aída* con la que debutó, hasta *Medea*, una de las últimas.

Al otro día fuimos directamente a Santa María de la Gracia, una hermosa iglesia que comenzó a ser construida a mediados del siglo XV. Fue terminada en 1492 cuando Bramante le adicionó el claustro y el domo. En realidad, nuestro interés no era ver la iglesia, sino *La última cena*, el famoso fresco de Da Vinci que se encuentra expuesto en el antiguo refectorio del convento. El cuadro refleja el momento en que Cristo le dice a sus discípulos que uno de ellos lo traicionará. Está pintado con tempera y aceite, aplicados directamente al cemento seco en lugar de al cemento húmedo, como era la práctica común en aquella época. Por eso, a los cinco años comenzó a deteriorarse. Sin embargo, el famoso fresco ha sobrevivido; no solo a las inclemencias del tiempo, sino también a las de la historia: las tropas de Napoleón lo usaron como diana para practicar el tiro y el edificio del refectorio fue bombardeado por los aliados en 1943.

Llegamos sabiendo que las posibilidades de que pudiéramos verlo eran remotas, pues los boletos de entrada hay que comprarlos con semanas de antelación. Así que allí estábamos, en la puerta de entrada del convento, pero sin boletos. Mientras hablábamos con una de las empleadas de la taquilla, se nos acercó un hombre y nos ofreció dos boletos para la entrada de las tres de la tarde (se entra en grupos de veinte personas cada media hora) al mismo precio que marcaban los boletos en la taquilla: 6.50 Euros. Es decir, no había especulación. Con los boletos en la mano y todavía dudando (la explicación de por qué los vendía no era muy convincente) estaba a punto de rechazarlos cuando mi esposa, en un arranque de entusiasmo, me dijo: «Cómpralos». Le hice caso y los compré. Pensando todavía que los boletos eran falsos, esperé la hora señalada. Pero no eran falsos; eran legítimos. Y pudimos ver *La última cena*.

Al otro día nos levantamos temprano y partimos en tren hacia Como. Es un viaje corto de apenas cuarenta y cinco minutos. Desde que nos bajamos en la estación nos dimos cuenta que estábamos en la antesala del reposo y la contemplación. A diferencia de la de Milán, grande y ruidosa, con más de catorce plataformas de embarque y miles de personas corriendo con maletas por los pasillos, la estación de Como es pequeña y silenciosa. Nuestro hotel, el Metropole Suisse, estaba tan cerca de la estación que podríamos haber ido caminando. El Metropole es un pequeño hotel administrado desde hace cuatro generaciones por la familia Cassani. Sus 71 habitaciones, completamente remodeladas, son acogedoras. Y lo más importante: el hotel está frente por frente al lago.

Esa tarde la dedicamos a recorrer la ciudad. En realidad, Como es relativamente pequeña. Y tiene pocos lugares de interés turístico. Visitamos su Catedral. A su lado está el Ayuntamiento, una elegante edificación del siglo XIII cuya fachada está adornada con mármoles rosados, blancos y grises. Después, antes de regresar al hotel, escogimos un restaurante de los muchos que están alrededor de la Plaza Cavour, en el que cenaríamos esa noche.

A la mañana siguiente tomamos el barco en el que recorreríamos el Lago Como. Decidimos comprar un boleto que nos permitiría ir bajándonos en los lugares que quisiéramos durante todo el día. Desde que salimos nos dimos cuenta que sería un paseo inolvidable. Y es que las vistas del lago son de una belleza única. Sus verdes montañas y rocosas laderas han sido fuente de inspiración para muchos artistas. Desde Plinio, el joven, en tiempos romanos, hasta los casi contemporáneos Stendhal y Flaubert. Sus ensenadas cobijan pequeños pueblos que trepan por las colinas hasta llegar a sus cimas. En sus orillas se alzan elegantes hoteles y aristocráticas villas. Hacia el norte, casi llegando a Suiza, sus aguas son de una placidez sobrenatural.

    La primera parada la hicimos en Tremezzo, donde está Villa Carlota, una elegante mansión de verano del siglo XVIII famosa por sus jardines en los que, según dicen, crecen las más hermosas camelias y azaleas de Europa. En su interior es posible ver la colección de pinturas y tapices que su dueña, una princesa prusiana llamada Carlota, adquirió en sus viajes por el mundo. En lo alto de la villa, subiendo por una estrecha escalera de caracol, se llega a un mirador desde el cual puede verse el lago en todo su esplendor.

    La segunda parada, donde almorzamos, fue en Bellagio, un encantador pueblecito que se alza en la misma punta donde el lago se divide en dos. En Bellagio se puede visitar la Villa Sebelloni, que al igual que la de Carlota, es famosa por sus jardines. Bellagio es tan bonito, tiene tantas tiendecitas y restaurantes, que decidimos quedarnos en el centro del pueblo y recorrerlo en su totalidad. Cuando nos cansamos de caminar por sus empinadas calles de adoquines, tomamos el barco de regreso a Como.

    Esa noche, como estábamos cansados por la caminata de todo el día, decidimos no salir del hotel y cenar en su restaurante, llamado Il Embarcadero. Sabia decisión. Fue la única noche que comimos bien. Los restaurantes de las plazas, con sus sombrillitas al aire libre, son muy bonitos, pero son trampas turísticas. En Il Embarcadero, que también tiene una terraza frente al lago, comimos una ensalada de camarones con corazones de lechuga en salsa aurora, raviolones de carne magra con salsa de nueces, y trozos de salmón sancochados con salsa holandesa y papas al natural. Era el banquete lombardo que necesitábamos. Al otro día, renovados, tomamos el tren de vuelta a Milán y seguimos nuestro viaje por Italia.

LA COSTA LIGURIA

Génova, Santa Margarita y Portofino

¿Dónde está enterrado Cristóbal Colón? ¿En la Catedral de Sevilla o en el Faro de Santo Domingo? Quién sabe. Es probable que sus divididos restos reposen en ambos lugares. De lo que sí podemos estar seguros es que el Almirante nació en Génova. No solo porque de su puño y letra así lo hizo constar en su testamento, sino porque su casa es uno de los lugares turísticos más visitados de la ciudad. La presencia del Almirante se siente –aunque sea en el mármol de sus estatuas– en todas partes. Eso pudimos comprobarlo cuando, acabados de llegar a la ciudad, el ómnibus que nos llevaba al hotel hizo una parada frente a uno de sus imponentes monumentos. Allí, en el centro de la Plaza Acquaverde, iluminado por el sol del mediodía, el descubridor de América todavía parecía otear el horizonte. Veníamos desde Savona, donde nuestro crucero, el Costa Mediterránea, había hecho la última parada de un itinerario que había comenzado dos semanas antes en Copenhagen. Muchos de los pasajeros regresaron desde allí mismo a sus países, pero nosotros decidimos quedarnos. Nos pareció que era una magnífica oportunidad de conocer Génova y de paso visitar también algunos pueblos de la Costa Liguria, como Portofino, Santa Margarita y Camogli.

El primer día lo dedicamos a visitar los principales lugares turísticos de Génova y comenzamos por la Plaza de Ferrari, la más espaciosa y elegante de la ciudad, en cuyo centro se halla una gran fuente de bronce en la que los genoveses acostumbran darse cita, y frente a la cual se alza una estatua ecuestre de Garibaldi. Alrededor de esta inmensa plaza se encuentra la

Ópera y la Iglesia del Gesú, así como la Galería Manzzini, y el edificio del Banco de Roma. Al final de uno de sus costados está el antiguo Palacio Ducal, hoy convertido en un importante centro cultural. En una de sus esquinas comienza la Vía XX de Septiembre, la principal arteria comercial de la ciudad, repleta de elegantes tiendas, hoteles, cines y restaurantes. De la Plaza de Ferrari tomamos la Vía de San Lorenzo y salimos a la Catedral de San Lorenzo. A diferencia de otras catedrales europeas que se levantan frente a grandes plazas, la de Génova está enclaustrada entre pequeñas calles que impiden admirarla en su totalidad. Se comenzó a construir en el siglo IX y no fue terminada hasta 1118. Después, a través de los siglos, fue recibiendo numerosos cambios arquitectónicos que la convirtieron en una ecléctica construcción de elementos románicos y góticos. En su interior, la decoración es también de diferentes estilos que van desde la apariencia barroca de sus naves hasta la renacentista capilla de San Giovanni, en cuyo interior hay un sarcófago en el que se dice que reposaron, alguna vez, los restos de San Juan Bautista, el Santo Patrón de Génova.

De la Catedral salimos hacia el área del puerto, donde se encuentra su famoso Acuario, uno de los más grandes de Europa, en cuyo interior pueden verse más de veinte mil especies marinas. Al igual que otras zonas portuarias del mundo, la de Génova también tiene su cuota de callejuelas oscuras en las que lo mismo pueden verse marineros que prostitutas. Y aunque fue remozada en 1992 para las celebraciones del 500 aniversario del primer viaje de Colón, la zona todavía retiene una aureola de leve decadencia urbana. Después de caminar un poco por el *promenade* que corre a lo largo de esa parte del puerto y de entrar en dos o tres de sus arcadas comerciales, decidimos regresar a la Plaza de Ferrari para cenar en alguno de los muchos restaurantes que hay en la Avenida XX de Septiembre.

Al otro día por la mañana caminamos hasta la estación de trenes Brignole, en la plaza Verdi, muy cerca de nuestro hotel, donde compramos un boleto para Santa Margarita de Liguria. En realidad, lo que queríamos era ir a Portofino, y la mejor manera de hacerlo era viajando primero a Santa Margarita y desde allí, por mar, llegar hasta Portofino. Y así lo hicimos. El viaje no toma más de una hora. Desde que el tren salió de Génova, el paisaje de la costa empezó a cambiar. De repente, el mar adquirió ese color azul que solo es posible ver en los cuadros de los grandes pintores, y comenzaron a aparecer pequeños pueblos que, entre las rocas y el mar, se extendían por toda la llamada Riviera del Levante. Al llegar a Santa Margarita nos pareció que habíamos llegado al paraíso. La estación de trenes se encuentra en lo alto de un promontorio y desde allí podíamos divisar todo el pueblo, su ensenada y las montañas que lo rodean.

Santa Margarita es un lugar en el que no se advierte –como pudimos comprobar más tarde en Portofino– esa actitud de superior condescendencia hacia el turista promedio, típica de los lugares de veraneo del *jet set*. Fundada en torno al puerto, Santa Margarita es uno de los más importantes destinos turísticos de la zona. Cuando en el siglo XVI la nobleza de Génova comenzó a construir sus principescas villas en los alrededores, la ciudad cobró importancia y adquirió ese ambiente elegante, tan propio de la *Belle Epoque*. Después de caminar un rato por los promontorios de la estación de trenes, bajamos hasta la costa por una escalera de piedra que serpentea entre las rocas y termina en un paseo que corre hasta el final del pueblo. Nos gustó tanto Santa Margarita, que por un momento pensamos quedarnos allí en lugar de ir a Portofino. Pero fue solo un momento. Ya podríamos hacerlo al regresar. Así que compramos los boletos del barco y hacia Portofino nos fuimos.

La verdad es que Portofino es muy bonito. Es también el *resort* más exclusivo de Italia. Cuando el barco comenzó a acercarse a su bahía, reconocimos el perfil que tantas veces habíamos visto en las postales turísticas. Delante de las coloridas fachadas de sus edificaciones pueden verse, atracados en los espigones, lujosos yates y grandes veleros de estilizada elegancia. Detrás, se alzan los cerros que rodean la península. En uno de ellos, en lo alto de su cima, se levanta la iglesia de San Jorge. En Portofino no hay mucho que hacer. Es pequeño, y el área de la bahía y sus calles aledañas, se recorren en un par de horas. Hay muchas tiendecitas que venden todo tipo de artesanías; pero a precio de *boutique* de lujo. Los restaurantes también son más caros que los de Santa Margarita. Por eso, un poco después del mediodía, decidimos regresar a Santa Margarita. Pero esta vez lo hicimos en uno de los ómnibus que, a través de una estrecha y sinuosa carretera, hacen el recorrido entre los dos pueblos. Nos pasamos la tarde en Santa Margarita, entrando y saliendo de sus tiendas y tomando *gelattos* de todos los sabores. Antes de volver a Génova comimos en un restaurante frente a la bahía. Como el noroeste de Italia es una zona arrocera, el *risotto* aparece en todos los menús. Así que eso fue lo que ordenamos. Mi esposa ordenó un *rissoto a la milanesa*, que es a base de vino blanco, cebolla, azafrán y queso parmesano. Yo ordené un *risotto de mariscos* que venía con abundantes calamares, mejillones, almejas y camarones. Todo acompañado con una botella de vino Barbera, de las bodegas de Pio Cesare. Casi al anochecer, regresamos a Génova.

  En nuestro plan inicial habíamos incluido una visita a Turín. Cuando al otro día ya estábamos a punto de comprar el pasaje, recordamos lo bien que la habíamos pasado en Santa Margarita y volvimos a embárcanos hacia la costa Liguria. Esta vez nos bajamos en Camogli, que es más pequeño que Portofino, pero muy bonito también. Sus casas, todas pintadas con colores pastel, se extienden entre una playa de guijarros grises y una ladera de pinos. Después de comprar algunas baratijas hechas con conchas marinas, nos embarcamos en una lancha hacia San Fruttuoso, una villa de pescadores situada al otro lado de la península, y en cuyo promontorio se alza la Abadía de San Fruttuošo, que lleva el nombre de un santo del siglo III y fue construida entre los olivos que crecen en la colina. A su lado se levanta la Torre del Doria que, como un centinela, vigila la entrada de la bahía. Cerca de San Fruttouso se encuentran los cinco pueblos de Cinque Terre, quizás los más pintorescos de la costa, los cuales ya conocíamos. Por un momento estuvimos tentados de volver a visitarlos. Pero ya eran casi las tres de la tarde y queríamos regresar temprano a Génova. Al otro día, como el Almirante, partíamos hacia América. Solo que, en lugar de una carabela, lo hicimos en un avión.

FRANCIA

PARÍS

Un recorrido de ensueño

Hay ciudades hechas para caminar. La mayoría de ellas tiene eficientes sistemas de transporte público: metros con itinerarios expandidos, ómnibus que arriban puntualmente a las paradas y taxis con tarifas verificables. Pero a pesar de esas ventajas urbanas, la mejor manera de conocerlas es recorriéndolas a pie. Una de esas ciudades es París, quizás la más hermosa del mundo. Escénica en todos los sentidos: pura belleza física, histórica, cultural y romántica. Una ciudad a la que todos regresan una y otra vez. Una ciudad tan seductora que, a los que la visitan por primera vez, debería advertírseles: ¡Cuidado!, puede crear adicción.

Cuando se visita por primera vez, París puede resultar abrumadora. No solo por el deslumbramiento inicial que su belleza provoca, sino por el afán de querer visitarlo todo el mismo día. Pero, ¿por dónde comenzar? Lo primero que debe visitarse son los lugares más importantes. Ya se sabe: la Torre Eiffel, el Museo del Louvre, el Arco de Triunfo, la Catedral de Nuestra Señora, la Plaza de la Concordia, la Ópera, la Plaza Vendôme y la Iglesia del Sagrado Corazón. ¿Le parece mucho para una sola jornada? Claro que lo es. Todos estos lugares están lejos unos de otros. Por eso es necesario preparar los recorridos diarios utilizando cualquiera de los muchos *walking tours* que existen, redactados tomando en consideración las distancias entre las distintas atracciones. Los mejores son los que aparecen en las guías turísticas de Frommer's.

Se puede comenzar por el Teatro de la Ópera, con capacidad para 2,000 espectadores y 450 actores en el escenario.

Está situado en la plaza del mismo nombre (Place de l'Opera). Desde la calle, la Ópera impresiona por la pomposidad de su arquitectura. En su fachada, de grandes arcadas y anchas columnas, aparecen numerosos grupos escultóricos representando las distintas artes. En su interior, la opulencia de sus espacios intimida. Sobre todo la gran escalera de mármol del vestíbulo principal, que se puede ver desde la entrada. Para acceder a su interior hay que pagar la admisión. Pero si dispone de tiempo, vale la pena. Aunque solo sea por ver el elaborado decorado de sus palcos y el techo del auditorio, pintado por Chagall en 1964.

Desde la Ópera, y en camino hacia la Plaza de la Concordia, una parada obligada es la Iglesia de la Magdalena. Antes de ser consagrada como iglesia cristiana en 1842, fue un monumento mandado a construir por Napoleón para honrar a la Grand' Armée. Su estructura es la de un templo griego clásico, con un gran frisco representando el Juicio Final en lo alto de su frontón, y rodeada de columnas dóricas. Antes de seguir, párese en lo alto de su escalinata y podrá ver la espléndida vista de la rue Royale hasta el Palacio Borbón. Por la rue Royale se llega a la Plaza de la Concordia. Pero antes de llegar a ella, a mano derecha, en el número 3, está el famoso restaurante Maxim's. Desde luego, no le recomiendo que almuerce allí, pero si está de ánimo alegre retrátese frente a él. Como hicimos nosotros, en plan de ingenuos turistas, para bromear con los amigos al regreso.

La Plaza de la Concordia, una de las más grandes y concurridas de París, está rodeada en su costado norte por los imponentes edificios del Ministerio de la Marina y el Hotel Crillon. Tiene de frente a la Avenida de los Campos Elíseos, que se extiende hasta el Arco de Triunfo. Y detrás, flanqueado por dos salones de exhibiciones –el Jean de Paume y el Orangerie– se encuentran los Jardines de las Tullerías. En su centro, junto a una fuente, se alza el Obelisco Egipcio, exactamente donde en tiempos de la revolución se erigió la guillotina. Trágica ironía que en un lugar llamado la Concordia rodaran las cabezas de Luis XVI, María Antonieta, Danton y Robespierre.

Desde la Plaza de la Concordia, con solo atravesar los Jardines de las Tullerías, se llega al Museo del Louvre. Pero antes de llegar al Louvre, si se dobla a la izquierda en la rue de Rivoli, se desemboca en la Plaza Vendôme. Y eso fue lo que hicimos nosotros, porque nos hubiera sido imposible regresar al otro día. La Plaza Vendôme, con su Torre de la Victoria (cubierta por una serie de bajorrelieves de bronce en espiral, fundidos con los 1,200 cañones tomados por Napoleón en la batalla de Austerlitz), es el centro de una de las áreas más elegantes de la ciudad.

Se ha dicho que el Museo del Louvre, con 400,000 piezas consignadas en su catálogo, es el más grande del mundo. Es imposible visitar todas sus salas. Ni lo intente. Vaya directo a ver *La Gioconda* de Leonardo da Vinci, advertido de que la encontrará, a cualquier hora del día, rodeada de turistas. Siga hasta el salón donde está la *Venus de Milo*, también asediada por los visitantes, y admire la que es considerada el prototipo de la belleza femenina griega.

Al salir del Louvre, si se mira hacia la derecha sobre el Sena, puede verse el famoso Museo de Orsay, hogar de los impresionistas. Pero dos museos en un solo día son muchos museos. Al menos para mí. Por eso decidimos dejarlo para el día siguiente. Lo que hicimos fue doblar a la izquierda y bordear el Sena hasta el Pont d' Arcole, por el que se puede cruzar hasta la Ile de la Cité, justo a la altura de la Catedral de Nuestra Señora, uno de los lugares más visitados de la ciudad. No solo por su imponente fachada en la que sobresalen las 28 estatuas que representan a los reyes de Israel y de Judea, sino también por su importancia histórica. Y es que Notre-Dame y la historia de París van de la mano: desde los primeros tiempos en que los cruzados oraban en ella antes de partir a las guerras santas, hasta la época en que Napoleón se coronó emperador a sí mismo frente a su altar, arrebatándole de las manos al papa Pío VII, la corona imperial. En la misma Ile de la Cité se puede visitar también el Palacio de Justicia, que en su parte norte alberga la Conciergerie, a la que todos recuerdan como la prisión donde confinaron a María Antonieta.

Frente al Palacio de Justicia, cruzando el Sena, se encuentra la Plaza St. Michel, con la estatua de San Miguel dándole muerte al dragón en la fuente donde Balzac solía recoger agua. Rodeando la plaza están las placas con los nombres de los mártires de la resistencia contra la ocupación nazi. A dos o tres cuadras de distancia está el boulevard St. Germaine, un buen punto de partida para explorar el llamado Left Bank del Sena, si no hubiésemos estado tan cansados.

Al otro día, como todavía nos quedaban tres o cuatro lugares de verdadero interés, comenzamos por el Arco de Triunfo, que era el que más cerca nos quedaba del hotel. Al final de los Campos Elíseos, sobre la cumbre de la colina Cahillot, se encuentra la Plaza De Gaulle. Es en su centro donde se alza el majestuoso Arco de Triunfo. Mandado a construir por Napoleón, en los bajorrelieves del frente son recordadas sus principales victorias, y en los escudos del ático sus grandes batallas. Debajo del Arco se encuentra la Tumba del Soldado Desconocido, cuya llama se reaviva todas las noches. En lo alto del monumento hay un mirador al que se puede subir y desde el cual puede verse toda la ciudad.

Desde el Arco de Triunfo bajamos por los Campos Elíseos hasta la Avenida Winston Churchill, donde se encuentra el Grand Palais y el Petit Palais, construidos para la Feria Mundial de 1900 y usados, desde entonces, como salones de exhibición. Seguimos por la misma Avenida Winston Churchill hasta llegar al Puente Alejandro III, el más vistoso de París y que sirve de unión a la explanada de los Inválidos con los Campos Elíseos. Al cruzar el puente, si se bordea el Sena a lo largo de la *quai* Anatole France, se llega al Museo de Orsay, en el que se halla una extensa colección de pintores impresionistas. En el segundo piso de esta antigua estación de trenes convertida en museo, se pueden admirar algunas de las obras de Monet y Renoir, así como la de los post-impresionistas Cézanne, Van Gogh, Gauguin y Toulouse-Lautrec.

Al salir del Museo de Orsay tomamos la rue de Bellechasse hasta la rue de Varene, que desemboca en el Hotel des Invalides, en el Museo de Armas y en la Iglesia del Domo, donde se encuentra la tumba de Napoleón. Si no tiene tiempo, no entre al Museo de Armas; pero no deje de entrar a la Iglesia del Domo. No se pierda este encuentro con la historia. Los restos de Napoleón fueron encerrados, como los de un faraón egipcio, en seis ataúdes: el primero de hierro, el segundo de caoba, el tercero y el cuarto de plomo, el quinto de ébano y el sexto de encina. Todos se depositaron después en un gran sarcófago de pórfido rojo que descansa, rodeado por 12 imponentes Victorias (divinidades romanas del Triunfo), en el centro del salón. La vista desde el balcón circular del segundo piso es impresionante. Ni los turistas hablan. Una espontánea solemnidad se apodera de todos.

Esa noche, después de cenar en un restaurante del Barrio Latino, tomamos un paseo en barco por el Sena para ver la ciudad iluminada, algo que muchos consideran una «trampa turística», pero que a mí, personalmente, me parece una experiencia maravillosa.

Nuestro último día en París (a la mañana siguiente salíamos en tren hacia Niza) lo dedicamos a visitar los lugares importantes que nos quedaban pendientes: la Torre Eiffel, el Trocadero, y el bohemio barrio de Montmartre, situado en lo alto de una colina y dominado por la Iglesia del Sagrado Corazón. Después de visitarlos todos, decidimos que antes de regresar al hotel nos quedaríamos a cenar en uno de los muchos restaurantes que hay en Montmartre. Y así lo hicimos. Mientras cenábamos, un grupo de músicos callejeros tocaban conocidas melodías francesas frente al restaurante, entre ellas la conocidísima *La vie En Rose*, de Edith Piaf. Así nos despedimos de París. No puedo pensar en una mejor manera de hacerlo.

LA RIVIERA FRANCESA

De Niza a St-Tropez

Dicen que las aguas del Mediterráneo son más azules frente a las costas de la Riviera. Y debe ser cierto porque desde sus miradores, donde los acantilados alcanzan mayor altura, las vistas son de un esplendor pictórico. Contempladas desde lo alto, sus ensenadas parecen estar cobijadas por las escarpaduras de sus laderas, la arena de sus pequeñas playas y el verdor de la vegetación de sus cimas. Desde St-Tropez hasta Menton, incluyendo en ese trayecto a Cannes, Antibes, Niza, Villafranche-sur-Mer, Mónaco y Monte Carlo, la llamada Costa Azul es un área de espectacular belleza. Sin embargo, para muchos, la Riviera no es más que una especie de meca mundial de celebridades. Y cómo no iba a serlo si es uno de los lugares preferidos del *jet set* internacional. Pero a los que así piensan, una advertencia: los ricos y famosos ya no pasean por sus bulevares. Al menos yo no los vi. Y eso que manejé hasta Monte Carlo. Después lo supe: no se les ve porque permanecen en sus villas privadas; a salvo de las hordas turísticas del verano. Lo que quiero decir es esto: no se debe viajar a la Riviera pensando en poder ver a Alain Delon y Catherine Deneuve en Mónaco o Cannes. Tampoco se debe viajar pensando encontrar playas paradisíacas. No las hay. Con excepción de las de Antibes, la mayoría de ellas son pedregosas y heladas.

Dicho lo anterior, ¿vale la pena visitar la Riviera? Claro que sí. Sobre todo si el viaje forma parte de un recorrido mayor. La Riviera es mucho más que el Casino de Monte Carlo o el Festival de Cine. No es un destino turístico *per se*, como París, Roma o Madrid, pero todos los operadores de *tours* europeos la incluyen en sus itinerarios. Por algo debe ser. Y es que, como dije, la Riviera es un área de espectacular belleza. En cada recodo de la carretera que serpentea el escarpado litoral, desde Fréjus hasta Villefranche-sur-Mer, hay una hermosa postal esperando ser fotografiada. Son los mismos paisajes que alguna vez deslumbraron, por su luz y su color, a Matisse, Renoir, Chagall y Picasso. Pero no solo eso. En Niza, por ejemplo, a unos cuantos minutos de la playa, es posible visitar algunos de los museos de arte moderno más famosos del mundo. Están, por ejemplo, el Musée Chagall, con obras del famoso pintor expuestas a la luz natural; el Musée Jules Cheret, donde se exhiben obras de Degas, Monet y Renoir; y el Musée Matisse, con sus pinturas y esculturas en las distintas etapas de su carrera. Y ya lejos de la costa, en lo alto de las montañas, casi escondidos detrás de sus murallas, numerosos pueblos medievales abren sus portones al público. Es decir, la Riviera no solo tiene el gráfico y satinado *glamour* de las revistas del corazón. Tiene, además, múltiples bellezas naturales, una historia de siglos y arte para exhibir.

    La mejor manera de recorrer la Riviera es tomando la ciudad de Niza como base de operaciones. Que fue lo que mi esposa y yo hicimos. Como habíamos comenzado el viaje en París, tomamos un tren en la estación Gare de Lyon y en apenas 7 horas llegamos a Niza. Allí nos esperaba un automóvil que habíamos rentado desde Miami y en el que pensábamos visitar todos los lugares. La idea era salir en las mañanas desde Niza y manejar, primero hacia el este, hasta Mónaco; y después hacia el oeste, hasta Cannes. Pero eso sería al otro día. Esa noche pertenecía a Niza, una ciudad que a pesar de ser menos sofisticada que las demás, es mucho más vibrante. Y más barata. Una de las razones por la que nos hospedamos allí. Niza es una ciudad grande, con más de 300,000 habitantes, pero sus principales atracciones están concentradas en el Old Town y en los alrededores de la Plaza Masséna, y se puede acceder a ellas caminando. Esa noche cenamos en uno de los muchos restaurantes del Old Town y después, atravesando los Jardines de Alberto I, caminamos por el promenade de Anglais, que corre junto a la playa, hasta el fabuloso Hotel Negresco para unos *after dinner drinks*. Cerramos la noche con una caminata de vuelta a nuestro hotel bajo un estrellado cielo de verano.

A la mañana siguiente partimos rumbo a Mónaco, no sin antes visitar otra vez el Old Town. Aprovechamos esas primeras horas para palpar el pulso de la ciudad y pudimos ver como los comerciantes de la *cours* Saleya abrían sus mercados y preparaban sus productos para la venta. Había de todo. Desde mariscos y carnes, hasta frutas y flores. Frente a los quioscos, las amas de casa realizaban sus compras con sosiego. Una serena cotidianidad parecía dominar toda la plaza.

Al final de esa calle, doblando hacia la izquierda en la *rue* la Poissonnerie, hay varios sitios de interés. Pero para visitar esos lugares necesitábamos toda la mañana y no queríamos, por lo peligrosa que es la carretera, que nos cogiera la noche cuando regresáramos de Mónaco. Así que tomamos el auto y emprendimos el camino hacia el principiado de los Grimaldi. No paramos hasta Villefranche-sur-Mer, un pequeño pueblo pesquero con un par de iglesias del siglo XVII y una capilla romana conocida como la Capilla Cocteau, pintada y decorada en 1957 por el famoso escritor y pintor francés. Antes de partir, caminamos un poco alrededor de la bahía.

Entrar al principiado de Mónaco es como entrar a una urbanización moderna. Las primeras calles y avenidas que uno encuentra tienen poco tráfico y las áreas verdes están meticulosamente arregladas. En realidad, toda la ciudad es así: pequeña y hermosa. Con apenas 500 acres de extensión y un poco más de 5,000 habitantes, está dividida en cuatro secciones: Monte Carlo, con su famoso casino, lujosos hoteles y exclusivas tiendas; Old Mónaco, la parte medieval que se encuentra sobre una roca a doscientos pies sobre el nivel del mar y donde vive el príncipe Rainiero; la Condamine, el área de la bahía, rodeada de modernos edificios de apartamentos y oficinas; y Fontvielle, el distrito industrial, justo frente al Palacio, pero separado por el mar.

Al llegar, lo primero que hicimos fue dirigirnos al área de Monte Carlo. No pudimos estacionar en los alrededores del casino y tuvimos que hacerlo cerca de la bahía y caminar, loma arriba, hasta la entrada principal. Una vez allí, no hay mucho que hacer. Así que no deje de entrar al casino, aunque solo sea para jugar en las máquinas tragamonedas. No olvide llevar su pasaporte porque es obligatorio presentarlo para poder entrar. Una vez adentro, déjese llevar por la imaginación. Pida un trago en la barra y piense que a su lado está James Bond ordenando un martíni «*shaken but no stirred*».

Al salir del casino tomamos un taxi para ir al palacio real y poder ver el cambio de guardia que se realiza todos los días a las 11:55 de la mañana. Pero si usted ha visto el de Buckingham o el de Atenas, no corra; la ceremonia dura cinco minutos y es de una sencillez municipal. Sin embargo, no deje de visitar el palacio. A un costado de su entrada principal se pueden comprar los boletos de admisión. Cuando salimos del palacio, ya era hora de almorzar y lo hicimos en un pequeño restaurante con terraza situado en una de las callejuelas que convergen en la plaza real. Toda la zona es un *tourist trap*, pero a diferencia de los porteros y hujieres de Monte Carlo que son altaneros y parecen soportar como un mal necesario a los turistas, los empleados de las tiendas y restaurantes que están alrededor del palacio, son afables y serviciales.

La siguiente visita era de rigor: la catedral donde está enterrada la princesa Grace de Mónaco. La iglesia estaba repleta. Una larga fila se iniciaba casi en el atrio y avanzaba por un pasillo lateral hasta el altar mayor. Desde allí doblaba a la izquierda hacia un área donde está enterrada la realeza. Una simple losa con su nombre inscrito en el mármol señalaba el lugar. En el borde superior alguien había depositado un pequeño arreglo floral. Un respetuoso silencio ascendía hasta los abovedados espacios de la inmensa catedral. La solemnidad del momento era evidente.

Cerca de la catedral se encuentra el Museo Oceanográfico, fundado por Alberto I, bisabuelo del príncipe Raineiro, y sede del instituto de investigaciones marítimas que dirigía Jacques Cousteau. Era uno de los lugares que pensábamos visitar. Pero el tiempo estaba otra vez en contra nuestra. Como no queríamos que nos cogiera la noche en la carretera, decidimos no entrar. Para cuando el sol comenzó a ponerse sobre el golfo de St-Tropez, ya manejábamos de vuelta a Niza. Hacia el oeste, el cielo era un inacabable lienzo de color naranja. Junto con la brisa del Mediterráneo, la noche se nos venía encima.

Al día siguiente nos levantamos temprano y desayunamos en nuestro hotel. Antes de ir a buscar el carro al estacionamiento, caminamos un poco por la avenida Jean-Medécin, principal arteria de la ciudad, pero con excepción de algunas cafeterías, la mayoría de los comercios estaban cerrados. Sin nada mejor que hacer, tiramos algunas fotos antes de partir hacia Cannes. Tomamos el paseo de Anglais hacia el oeste, manejamos a todo lo largo de la costa y antes del mediodía ya habíamos llegado. Lo supimos porque desde que enfilamos el elegante paseo La Croisette, con la playa a la izquierda y las palmas bordeando las aceras, reconocimos las imágenes que tantas veces habíamos visto en las películas. Y es que Cannes provoca un *déjà vu* fílmico que nada tiene que ver con su Festival. Es más bien el aire de sofisticación de sus bulevares, sus elegantes *boutiques* y los Jaguares descapotables que transitan por el paseo. Hasta las mujeres que caminaban por sus aceras parecían modelos sobre una pasarela. Sobre todo en el área del famoso hotel Carlton. Pero no todo en Cannes es *upscale* y cosmopolita. Para sorpresa nuestra, hay pequeños quioscos que venden baratijas de todas clases: magnetos, postales, ceniceros hechos de caracoles, *t-shirts* y gorras para el sol. La multitud en la acera de la playa era ecléctica. Tan diversa que no nos sentimos mal cuando nos sentamos al borde de una fuente a comernos un sándwich. Lo que sí nos decepcionó fue el Palais des Festivals, que es donde todos los años se celebra el famoso festival de cine. Es un edificio pequeño y sin pretensiones, que más parece un auditorio universitario que un palacio. En su vestíbulo hay una especie de galería fotográfica en la que pueden verse figuras del cine internacional arribando en su momento al festival. Así, separados por décadas de instantáneas, aparecen Ives Montand, Robert Redford y Tarantino.

De Cannes nos dirigimos a St Paul-de-Vence, uno de los pueblos medievales más visitados de la zona. Para llegar hasta sus murallas hay que alejarse de la costa y subir una montaña. A medida que ascendíamos, sus torres vigías parecían tocar el cielo. Pero una vez allí, todo era pequeño. Y es que sus puertas de entrada son minúsculas, las empedradas calles estrechas y las plazas tienen el tamaño de un patio interior. Quizás esos mismos espacios casi íntimos son los que han preservado, a pesar del turismo, el ambiente medieval que se respira. Algunas de las callejuelas, después de muchas vueltas, terminan en unos miradores desde los cuales se abarca, en una mezcla de vegetación, piedra y mar, toda la comarca. En uno de ellos nos detuvimos un momento. Ya era hora de regresar. En la dorada luz del atardecer, a lo lejos, la Riviera era apenas una tenue línea que se desdibujaba en el litoral.

NORMANDÍA

Un encuentro con la historia

El Golden Princess, nuestro crucero, atracó en el muelle francés de Le Havre casi al amanecer. Era la última parada de un itinerario que había comenzado dos semanas antes en el puerto de Southampton. Nuestro viaje llegaba a su fin. Desde la cubierta del barco, a través de la bruma del amanecer, podíamos ver cómo la silueta de la costa normanda se desdibujaba, fantasmagórica, entre sus propias ensenadas. No lejos de allí, las aguas del Sena desembocaban serenas en el Canal de la Mancha. Y es que Le Havre es la principal entrada fluvial al nordeste de Francia. Quizás por eso una de las excursiones a tierra era a la ciudad de París. Creo que la mayoría de los pasajeros optó por ella. Para quienes no la conocían –o para los que deseaban visitarla una vez más– la oportunidad era única. Otros, los menos, escogimos un encuentro con la historia y partimos hacia las playas de Normandía.

El día estaba nublado y un viento frío soplaba sobre el embarcadero. Justo cuando subíamos al ómnibus comenzó a lloviznar. Fue entonces que la guía dijo: «*It's a D-DAY weather*». Y todos comprendimos lo que ella quería decir: el 6 de junio de 1944, fecha del más grande desembarco anfibio de la historia, también había amanecido nublado y frío. Ese día, soldados ingleses, canadienses y americanos, tomaron por asalto las playas de la región norte de Normandía, en lo que sería el principio del fin de la Alemania Nazi. Los puntos de desembarco abarcaron toda la costa, desde St. Martin de Varreville hasta Ouistreham, con los nombres en clave de Utah, Omaha, Gold, Juno y Sword. Pero nuestro *tour* no los visitaría todos; solo algunos de ellos. También visitaríamos el Museo del Desembarco, en Arromanches, y el Cementerio Americano de Normandía.

La primera parada sería en Omaha Beach, en la zona de Vierville Sur-Mer. Antes de llegar, pasaríamos por los pueblos de Honfleur, Deauville, Caen y Bayeux, que se alinean a lo largo de la costa. Para llegar a Honfleur tuvimos que cruzar el Puente de Normandía, una maravilla de ingeniería que se extiende por más de dos millas sobre el Sena. Este pequeño pueblo pesquero, con sus centenarias casas de madera y sus hermosas playas, es uno de los lugares más visitados por los parisinos durante los fines de semana. Su encanto también atrajo, en el Siglo XIX, a los impresionistas Monet y Boudin.

Después pasamos por Deauville, uno de los *resorts* más exclusivos del norte de Francia, famoso por su Festival de Cine y sus casinos. Pero no nos detuvimos allí. El ómnibus siguió bordeando la costa hasta Ouistreheam, donde la carretera termina justo antes de llegar a los acantilados de esa zona. Entonces dobló hacia el sur, hasta llegar a Caen, una de las ciudades más bombardeadas durante el desembarco. De su época medieval queda muy poco; algunos castillos del siglo XI, y un par de abadías fundadas por Guillermo el Conquistador. Reconstruida después de su liberación, hoy día es una activa ciudad universitaria con numerosos museos y sitios de interés histórico que la guía, desde el autobús, nos fue señalando.

La siguiente ciudad en el camino era Bayeux, la primera en ser liberada después del desembarco. Pero Bayeux no es famosa por eso, sino por un gigantesco tapiz de cuarenta metros de largo en el que cincuenta y ocho elaboradas escenas, bordadas en la tela, narran la historia de la invasión normanda de 1066. Millones de personas visitan cada año la ciudad para ver el impresionante tapiz. Pero nosotros no teníamos tiempo. Así que solo pasamos frente al museo en el que lo exhiben y seguimos rumbo hacia Omaha Beach.

Vista desde los promontorios, la playa de Omaha serpenteaba entre los acantilados hasta perderse en las curvas que la encerraban con sus riscos en forma de herradura. El mar semejaba una extendida planicie de ceniza que comenzaba en un horizonte de tonalidades grises y terminaba en una orilla de arenas marmóreas. No pude menos que imaginarla llena de cadáveres. Las dramáticas escenas de la película *Saving Private Ryan* todavía estaban frescas en mi memoria. El cielo seguía encapotado y podían verse, a lo lejos, unos relámpagos breves que se desprendían iluminadores sobre el horizonte. A nuestras espaldas, los cráteres de las bombas rodeaban las ruinas de las fortificaciones alemanas. Era lo más cerca que se podía estar de la historia. El silencio era unánime; la solemnidad compartida. Todos tirábamos fotos, sí; pero sin la euforia de los turistas. Yo no me atrevía a posar frente a las destruidas casamatas. Se me encogía el corazón al pensar que los senderos que conducían a ellas estaban regados con la sangre de miles de jóvenes americanos. Bajo la lluvia, regresamos a los ómnibus. Todos íbamos cabizbajos.

A solo unas millas de Omaha Beach se encuentra el Cementerio Americano de Normandía. A nadie del grupo se le escapó el simbolismo de esa visita. Veníamos de donde habían caído; llegábamos a donde yacían. Las tumbas de 9,387 soldados se extienden, con sus cruces y Estrellas de David, a ambos lados de un sobrio memorial que se alza a la entrada del campo santo. De ellos, 307 son «soldados desconocidos», cuyos restos nunca pudieron ser identificados; tres recibieron póstumamente la Medalla de Honor; cuatro son mujeres.

Desde la explanada del memorial, la uniforme alineación de las blancas cruces sobre el verde del césped provoca, como la de Arlington, una sensación única de paz y serenidad. Al final del camino central, entre dos grandes secciones de lápidas, se encuentra la Capilla del cementerio que, aunque pequeña, no deja de ser solemne. Al entrar, lo primero que llama la atención es el altar, de mármol negro y dorado, con la siguiente inscripción: «*I give unto them eternal life and they shall never die*». Detrás del altar, una ventana alta de cristales levemente nevados dejaba pasar la tenue luz de la mañana. Algunos oraban. En una esquina, junto a los bancos, una anciana sollozaba.

De la Capilla regresamos al Memorial, donde se halla el llamado Jardín de los Desaparecidos. En las paredes circulares que lo rodean están inscritos los nombres de 1,557 soldados que cayeron en la invasión, y cuyos restos nunca fueron recuperados. En el centro del Memorial se alza, de frente a las tumbas, una escultura de bronce de 22 pies de alto con una inscripción que reza así: «*The spirit of american youth rising from the waves*».

Abandonamos el cementerio en silencio. Nuestra próxima parada sería en el Museo del Desembarco, en Arromanches, que fue el lugar donde los aliados construyeron un puerto artificial para descargar todo el avituallamiento necesario. Recibió el nombre codificado de Port Winston, y consistía en centenares de cámaras neumáticas –remolcadas desde Inglaterra– que fueron hundidas para formar un rompeolas circular sobre el cual se anclarían los puentes flotantes por los que, en tres meses, desembarcarían dos millones de soldados, cuatro millones de toneladas de equipos y quinientos mil vehículos.

Llegamos justo al mediodía. Había dejado de llover y el cielo comenzaba a recobrar su color azul. La guía nos había dicho que si la marea estaba baja podríamos caminar hasta algunos de los pontones que, como gigantescos animales prehistóricos, todavía permanecían sobre la arena. Y así fue. Bajamos hasta la playa y pudimos acercarnos hasta aquellas metálicas estructuras que, cubiertas de líquenes petrificados, parecían los cascos de milenarios galeones hundidos. Había decenas de ellas diseminadas a lo largo del litoral. Parecían los restos de una civilización extinguida. También podían verse en el mar, no lejos de la costa, sobresaliendo sobre las aguas como abandonadas plataformas marinas. Después de caminar un poco por la playa y recoger algunos caracoles como recuerdo, subimos hasta la avenida principal de Arromanches, donde se encuentra el museo.

El Museo del Desembarco es un edificio de una sola planta con varios salones interiores. En la entrada hay una pequeña tienda donde se venden artículos relacionados con la invasión. A la izquierda puede verse una maqueta panorámica de los puntos de desembarco. A un costado de la maqueta hay una puerta que conduce a los espacios correspondientes a Inglaterra, Estados Unidos y Francia, donde se exhiben objetos y documentos de esos países. Hay equipos terrestres y de comunicaciones, así como armas y uniformes que, desplegados armoniosamente, crean una extraña sensación de realidad histórica. Antes de llegar a la salida hay una sala de cine donde, como colofón didáctico, se exhibe un documental sobre la invasión. Su tono, por los estándares fílmicos de hoy, podría calificarse de propagandístico. Es evidente que fue hecho poco después de terminada la guerra. Pero, por favor, no deje de verlo. Aunque no le alcance el tiempo y tenga que dejar de almorzar para hacerlo. Si le parece que los reportajes del *History Channel* sobre la Segunda Guerra Mundial son dramáticos, piénselo otra vez. Las escenas bélicas de este documental son estremecedoras. Es tanta su carga patriótica, que al salir uno siente deseos de hacerlo con la mano derecha sobre el corazón y recitando el *Pledge of Allegiance*. O entonando las estrofas del *Star-Spangled Banner*.

Durante el viaje de regreso al barco, el tiempo volvió a descomponerse. Estuvo lloviendo todo el trayecto. Volvimos a pasar por las mismas ciudades; solo que esta vez las veíamos distintas. Ya no eran lugares turísticos; eran históricos. Pero no en un sentido medieval; sino contemporáneo. En los pequeños pueblos que atravesábamos no veíamos a Guillermo el Conquistador, sino al general Eisenhower. En lugar de guerreros normandos con escudos y lanzas, lo que veíamos eran soldados americanos encaramados en sus tanques. Era la invasión de Normandía rediviva. La guía comprendió lo que sentíamos y dijo: «*I told you. It was a D-DAY weather*». Pero nosotros supimos que no solo el *weather* había contribuido a nuestro estado de ánimo. Fueron también los acantilados, los cráteres de las bombas, las destruidas casamatas, las blancas cruces del cementerio y el gráfico dramatismo del museo. Una experiencia que alguien en el grupo calificó de catártica. Y, en efecto, lo fue. Cuando llegamos al puerto ya yo no era el mismo. Esa tarde comprendí, de una manera inequívoca, que mi condición de hombre libre se debía al sacrificio de aquella valerosa generación. Visitar las playas donde cayeron fue mi forma de rendirles tributo.

Sobre el autor

Manuel C. Díaz nació en La Habana, Cuba, en 1942. Fue encarcelado en 1966 por intentar abandonar el país en una lancha. Indultado en 1979, se radica en Miami con su familia, donde ha vivido desde entonces. En 1993 publicó *El año del ras de mar*, una novela corta en la que narraba parte del horror que le ha tocado vivir al pueblo cubano. En 1996 publicó *Un paraíso bajo las estrellas*, una colección de cuentos que, algún tiempo después fueron transmitidos a Cuba por Radio Martí. Su tercer libro, *Subasta de sueños*, apareció en 2001. Más tarde, en 2013, publicó la novela *La virgen del malecón*. Sus trabajos han aparecido en diferentes antologías y revistas literarias. Es miembro fundador del PEN Club de Escritores Cubanos de Miami. Desde hace veinte años, escribe reseñas literarias y crónicas de viaje para El Nuevo Herald.

De Cádiz a Normandía es una compilación de algunas de las crónicas de viaje –las correspondientes a España, Italia y Francia– que Manuel C. Díaz escribió para El Nuevo Herald desde el año 1995 hasta el 2015. Es un libro concebido para ser disfrutado por todos: tanto los que ya han visitado las ciudades que se describen en él, como los que esperan hacerlo algún día. Para los primeros, estas crónicas podrían ser un nostálgico recorrido mental por las estrechas callejuelas del casco viejo de Sevilla o el recuerdo de un romántico paseo nocturno bajo los puentes del Sena. Y para los segundos, sería un avance de los tesoros artísticos que podrán descubrir en los museos del Vaticano y del Louvre o lo que les espera cuando se paren frente a la monumental fachada de la Catedral de la Sagrada Familia en Barcelona y queden deslumbrados por el genio de Gaudí. Sí, por eso viajamos: para maravillarnos con las grandes creaciones de la humanidad, para conocer otras culturas y para encontrarnos con nosotros mismos.

ALGUNOS LIBROS PUBLICADOS EN LA COLECCIÓN CANIQUÍ POR EDICIONES UNIVERSAL:

018-6	LOS PRIMOS, Celedonio González
022-4	LAS PIRAÑAS Y OTROS CUENTOS CUBANOS, Asela Gutiérrez
024-0	PORQUE ALLÍ NO HABRÁ NOCHES, Alberto Baeza Flores
025-9	LOS DESPOSEÍDOS, Ramiro Gómez Kemp
027-5	LOS CRUZADOS DE LA AURORA, José Sánchez-Boudy
034-8	CHIRRINERO, Raoul García Iglesias
035-6	¿HA MUERTO LA HUMANIDAD?, Manuel Linares
036-4	ANECDOTARIO DEL COMANDANTE, Arturo A. Fox
038-0	ENTRE EL TODO Y LA NADA, René G. Landa
0434-7	LOS CUATRO EMBAJADORES, Celedonio González
0639-x	PANCHO CANOA Y OTROS RELATOS, Enrique J. Ventura
1365-6	LOS POBRECITOS POBRES, Alvaro de Villa
168-9	LILAYANDO PAL TU (MOJITO Y PICARDÍA CUBANA), José Sánchez Boudy
170-0	EL ESPESOR DEL PELLEJO DE UN GATO YA CADÁVER, Celedonio González
1948-4	EL VIAJE MÁS LARGO, Humberto J. Peña
196-4	LA TRISTE HISTORIA DE MI VIDA OSCURA, Armando Couto
227-8	SEGAR A LOS MUERTOS, Matías Montes Huidobro
249-9	LAS CONVERSACIONES Y LOS DÍAS, Concha Alzola
2533-6	ORBUS TERRARUM, José Sánchez-Boudy
255-3	LA VIEJA FURIA DE LOS FUSILES, Andrés Candelario
282-0	TODOS HERIDOS POR EL NORTE Y POR EL SUR, Alberto Muller
292-8	APENAS UN BOLERO, Omar Torres
297-9	FIESTA DE ABRIL, Berta Savariego
300-2	POR LA ACERA DE LA SOMBRA, Pancho Vives
303-7	LA VIDA ES UN SPECIAL, Roberto G. Fernández
342-8	LA OTRA CARA DE LA MONEDA, Beltrán de Quirós
3460-2	LA MÁS FERMOSA, Concepción Teresa Alzola
423-8	AL SON DEL TIPLE Y EL GÜIRO..., Manuel Cachán
435-1	QUE VEINTE AÑOS NO ES NADA, Celedonio González
442-4	BALADA GREGORIANA, Carlos A. Díaz
464-5	EL DIARIO DE UN CUBANITO, Ralph Rewes
465-3	FLORISARDO, EL SÉPTIMO ELEGIDO, Armando Couto
476-9	LOS BAÑOS DE CANELA, Juan Arcocha
487-4	LO QUE LE PASO AL ESPANTAPÁJAROS, Diosdado Consuegra
494-7	PAPÁ, CUÉNTAME UN CUENTO, Ramón Ferreira
495-5	NO PUEDO MAS, Uva A. Clavijo
519-6	LA LOMA DEL ÁNGEL, Reinaldo Arenas
533-1	DESCARGAS DE UN MATANCERO DE PUEBLO CHIQUITO, Esteban J. Palacios Hoyos
542-0	EL EMPERADOR FRENTE AL ESPEJO, Diosdado Consuegra

543-9	TRAICIÓN A LA SANGRE, Raul Tápanes-Estrella
544-7	VIAJE A LA HABANA, Reinaldo Arenas
545-5	MAS ALLÁ LA ISLA, Ramón Ferreira
554-4	HONDO CORRE EL CAUTO, Manuel Márquez Sterling
555-2	DE MUJERES Y PERROS, Félix Rizo Morgan
556-0	EL CÍRCULO DEL ALACRÁN, Luis Zalamea
560-9	EL PORTERO, Reinaldo Arenas
565-X	LA HABANA 1995, Ileana González
587-0	NI TIEMPO PARA PEDIR AUXILIO, Fausto Canel
594-3	PAJARITO CASTAÑO, Nicolás Pérez Díez Argüelles
595-1	EL COLOR DEL VERANO, Reinaldo Arenas
596-X	EL ASALTO, Reinaldo Arenas
611-7	LAS CHILENAS (novela o una pesadilla cubana), Manuel Matías
619-2	EL LAGO, Nicolás Abreu Felippe
629-X	LAS PEQUEÑAS MUERTES, Anita Arroyo
630-3	CUENTOS DEL CARIBE, Anita Arroyo
632-X	CUENTOS PARA LA MEDIANOCHE, Luis Ángel Casas
633-8	LAS SOMBRAS EN LA PLAYA, Carlos Victoria
653-2	CUENTOS CUBANOS, Frank Rivera
657-5	CRÓNICAS DEL MARIEL, Fernando Villaverde
667-2	AÑOS DE OFÚN, Mercedes Muriedas
670-2	LA BREVEDAD DE LA INOCENCIA, Pancho Vives
693-1	TRANSICIONES, MIGRACIONES, Julio Matas
697-4	EL TAMARINDO / THE TAMARIND TREE, María Vega de Febles
699-0	EL AÑO DEL RAS DE MAR, Manuel C. Díaz
705-9	ESTE VIENTO DE CUARESMA, Roberto Valero Real
707-5	EL JUEGO DE LA VIOLA, Guillermo Rosales
711-3	RETAHÍLA, Alberto Martínez-Herrera
728-8	CUENTOS BREVES Y BREVÍSIMOS, René Ariza
729-6	LA TRAVESÍA SECRETA, Carlos Victoria
741-5	SIEMPRE LA LLUVIA, José Abreu Felippe
772-5	CELESTINO ANTES DEL ALBA, Reinaldo Arenas
779-2	UN PARAÍSO BAJO LAS ESTRELLAS, Manuel C. Díaz
780-6	LA ESTRELLA QUE CAYÓ UNA NOCHE EN EL MAR, Luis R. Alonso
782-2	MONÓLOGO CON YOLANDA, Alberto Muller
784-9	LA CÚPULA, Manuel Márquez Sterling
785-7	CUENTA EL CARACOL (relatos y patakíes), Elena Iglesias
791-1	ADIÓS A MAMÁ (De La Habana a Nueva York), Reinaldo Arenas
793-8	UN VERANO INCESANTE, Luis de la Paz
799-7	CANTAR OTRAS HAZAÑAS, Ofelia Martín Hudson
800-4	MÁS ALLÁ DEL RECUERDO, Olga Rosado
807-1	LA CASA DEL MORALISTA, Humberto J. Peña
812-8	A DIEZ PASOS DE EL PARAÍSO, Alberto Hernández Chiroldes

817-9	LA 'SEGURIDAD' SIEMPRE TOCA DOS VECES Y LOS *ORISHAS* TAMBIÉN (novela), Ricardo Menéndez
819-5	ANÉCDOTAS CUBANAS (Leyenda y folclore), Ana María Alvarado
837-3	UN ROSTRO INOLVIDABLE, Olga Rosado
839-X	LA VIÑA DEL SEÑOR, Pablo López Capestany
852-7	LA RUTA DEL MAGO (novela), Carlos Victoria
853-9	EL RESBALOSO Y OTROS CUENTOS, Carlos Victoria
854-3	LOS PARAÍSOS ARTIFICIALES (novela), Benigno S. Nieto
855-1	CALLE OCHO, María Luisa Orihuela
865-9	COSAS DE MUCHACHOS (ANÉCDOTAS INFANTILES), Rosa Dihigo Beguirstain y Mario E. Dighigo
879-9	HISTORIAS DE LA OTRA REVOLUCIÓN, Vicente Echerri
883-7	VARADERO Y OTROS CUENTOS CUBANOS, Frank Rivera
913-2	EL DÍAS MÁS MEMORABLE (relatos), Armando Álvarez Bravo
914-0	EL OTRO LADO (relatos), Luis de la Paz
916-7	CINCUENTA LECCIONES DE EXILIO Y DESEXILIO, Gustavo Pérez Firmat
919-1	MIAMI EN BRUMAS (novela), Nicolás Abreu Felippe
932-9	EL ÚLTIMO ALZADO E ITINERARIO DE UN DESTINO, Onilda A. Jiménez
936-1	DIOS EN LAS CÁRCELES DE CUBA (novela testimonio),María E. Cruz Varela
938-8	UN CAFÉ EXQUISITO (relatos), Esteban Luis Cárdenas
940-x	REINA DE LA VIDA (novela), Benigno S. Nieto /2001/
959-0	LA CIUDAD HECHIZADA (novela), Reinaldo Bragado Bretaña
960-4	SUBASTA DE SUEÑOS (novela), Manuel C. Díaz
963-9	LA FUNDACIÓN DE STA. ELENA DEL YARAYÁ (novela), Carmen Navarro
976-0	EL ENTIERRO DEL ENTERRADOR (novela), J. A. Albertini
972-8	ESPERO LA NOCHE PARA SOÑARTE, REVOLUCIÓN (novela), Nivaria Tejera
986-8	EX-CUETOS (relatos), Juan Cueto
989-2	LA ODISEA DEL OBALUNKO (novela), José M. González Llorente
992-2	VUELTA AL GÉNESIS (novela), Onilda A. Jiménez
993-0	MEMORIA DEL SILENCIO (novela), Uva de Aragón
994-9	SABANALAMAR (novela), José Abreu Felippe
978-7	PAN NEGRO (novela), César Leante
999-x	MUELLE DE CABALLERÍA (novela), César Leante
8-001-4	BONPLAND # 8 (novela), Roberto Luque Escalona
8-003-0	EL COMANDANTE YA TIENE QUIEN LE ESCRIBA, Enrisco (Enrique Del Risco)
8-007-3	SIN PERRO Y SIN PENÉLOPE, Rita Martin
8-008-1	ENTRE DOS LUCES (MODELO DE UN DESTINO ANTILLANO) /novela/, Julio Matas
8-009-x	CUENTOS MORTALES, José Abreu Felippe

8-018-9 TIERRA ELEGIDA, José M. González-Llorente
8-030-8 VIÑETAS Y PUÑETAS (relatos, reflexiones y curiosidades), Esteban J. Palacios Hoyos
8-031-6 EL SALÓN DEL CIEGO, Carlos Victoria (relatos y noveletas)
8-046-4 P'ALLÁ Y P'ACÁ, Mario G. Mendoza III
8-049-9 EL ARCO IRIS DE OROLÚN. ANATOMÍA DE UN CUBANO SOÑADOR (novela), Luis F. González-Cruz
8-050-2 RELOJ DE SANGRE Y OTROS RELATOS, José M. González-Llorente
8-110-x CUENTOS DE UNA VIDA VIVIDA, José Sánchez-Bouy
8-111-8 EL PEZ VOLADOR (novela), Eduardo Zayas Bazán & Robert J. Higtgs
8-114-2 SENTIR QUE ES UN SOPLO LA VIDA, Enrique J. Ventura (novela)
8-116-9 CUENTOS DEL CAMINO DE LA VIDA, José Sánchez-Boudy
8-118-5 CONTRAMAESTRE, Raúl Chao /novela histórica/
8-121-5 CUENTOS DE HUMANOS, MONSTRUOS Y GÜIJES, José Sánchez-Boudy
8-156-8 DOBLE NUEVE (CUENTOS), Vicente Echerri
8-163-0 LA LIBERTAD ES AJENA (novela), Humberto J. Peña
8-168-1 EL SILENCIO DEL AYER (novela), Tomás Fernández-Travieso
8-193-2 LAS NALGAS DE OLORÚN. EL GRAN PREMIO DE F.B., Luis González-Cruz /novela/
8-198-3 ESTAMPAS DE LA CUBA ETERNA V: SACANDO CHISPAS DE LA HUMEDAD, José Sánchez-Boudy
8-204-1 VIRGEN EN LAS ROCAS, Roberto Luque Escalona
8-208-4 ALLÁ, DONDE LOS ÁNGELES VUELAN, J. A. Albertini (novela)
8-220-3 VISIONES DE LOS ÚLTIMOS DÍAS Y OTRAS HISTORIAS, José M. González-Llorente
8-224-6 GATUPERIO, Guillermo Arango
8-230-0 ANÉCDOTAS DEL MAYOR, Israel Vera
8-228-0 EL PROFESOR Y LOS HOMBRES DE DON ÁLVARO, Roberto Luque Escalona
8-235-1 EL AÑO DE LA PERA. TRADICIONES, RELATOS Y MEMORIAS DE CIENFUEGOS, Guillermo Arango
8-247-5 FRENTE AL ESPEJO DE OLORÚN. EL FIN DEL BAILE, Luis F. González-Cruz
8-250-1 LA PIEDRA DE RAYO, Roberto Luque Escalona y Alfredo Rodríguez
8-263-7 KAPITAL CAPITAL (Kastro-Kuba-Komunismo), José M. Alonso Sed
8-268-8 LA ISLA DE LOS PECES MUERTOS, Miriam Morell
8-272-6 DE UN SOLO TAJO, Andrés Hernández Alende
8-277-7 LA NOCHE DEL CATIBO o El ángel rebelde del capitolio, Roberto Luque Escalona

665-6 NARRATIVA Y LIBERTAD: CUENTOS CUBANOS DE LA DIÁSPORA, Edición de Julio E. Hernández Miyares
(Antología en 2 volúmenes que incluye cuento y nota bio-bibliográfica de más de 200 escritores cubanos)

www.ingramcontent.com/pod-product-compliance
Lightning Source LLC
Chambersburg PA
CBHW030320080526
44584CB00012B/639